山西大同大学博士科研启动项目（2017-B-25）
山西大同大学基金资助

我国资源型地区新型城镇化风险管理研究

曹　丽／著

中国商务出版社

·北京·

图书在版编目（CIP）数据

我国资源型地区新型城镇化风险管理研究 / 曹丽著

. — 北京 : 中国商务出版社，2023.9

ISBN 978-7-5103-4790-0

Ⅰ . ①我… Ⅱ . ①曹… Ⅲ . ①城市化－社会管理－风

险管理－研究－中国 Ⅳ . ① F299.21

中国国家版本馆 CIP 数据核字（2023）第 175918 号

我国资源型地区新型城镇化风险管理研究

WO GUO ZIYUANXING DIQU XINXING CHENGZHENHUA FENGXIAN GUANLI YANJIU

曹 丽 著

出　　版：中国商务出版社

地　　址：北京市东城区安外东后巷 28 号　　邮　编：100710

责任部门：发展事业部（010-64218072）

责任编辑：刘玉洁

直销客服：010-64515210

总 发 行：中国商务出版社发行部（010-64208388　64515150）

网购零售：中国商务出版社淘宝店（010-64286917）

网　　址：http://www.cctpress.com

网　　店：https://shop595663922.taobao.com

邮　　箱：295402859@qq.com

排　　版：北京亚吉飞数码科技有限公司

印　　刷：北京亚吉飞数码科技有限公司

开　　本：710 毫米 × 1000 毫米　1/16

印　　张：13.75　　　　　　　　字　　数：216 千字

版　　次：2024 年 3 月第 1 版　　　印　　次：2024 年 3 月第 1 次印刷

书　　号：ISBN 978-7-5103-4790-0

定　　价：82.00 元

前　言

　　我国当前正处于新型城镇化建设的探索阶段，新型城镇化不仅关注城镇化的速度与城镇的数量，更加注重城镇化的质量。资源型地区的新型城镇化作为我国整体新型城镇化建设中的薄弱环节，虽然在城镇化率上表现出了"虚高"，但城镇化建设质量较低，远远不能满足新型城镇化建设的要求。由于历史原因，资源型地区的发展有其独特的特点：首先，资源型地区的发展主要依赖资源的开发，而资源赋存的可耗竭性是制约其发展的主要因素；其次，资源型地区产业结构失衡严重，第一产业不受重视，第三产业发展缓慢，粗放的经济增长方式为其发展埋下了重大隐患；最后，长期以来资源型地区经济发展的主导力量主要是国有大型资源型企业，这些大型企业受传统机制的影响要大于其他地区。资源型地区发展的上述特点使其在新型城镇化过程中存在着各种潜在风险，如资源的耗竭、经济发展的不可持续、生态环境的恶化等，因此，资源型地区的城镇化更是如履薄冰。

　　本书以资源型地区理论、城镇化理论、风险理论为指导，以资源型地区新型城镇化为对象，以风险管理思想为主线，按照风险分析、风险识别、风险评价、风险防范等流程，对资源型地区新型城镇化风险进行了研究。具体的研究内容及研究成果如下：

　　（1）分析了本书的选题背景及研究意义，对传统城镇化、新型城镇化以及资源型地区等相关问题的国内外研究现状进行了综述，梳理了这三个问题目前的研究进展，对研究现状进行了简要评论，明确了本书研究的可行性与必要性，据此确定了本书的研究目标、拟采用的研究方法以及技术路线。

　　（2）对本书研究涉及的资源型地区、新型城镇化、风险管理等相关概念进行了界定，介绍了与资源型地区、城镇化、风险等相关的理论研究，为之后的研究提供理论支撑。系统讲解了本书研究所用到的风险分析与风险评价方法，包括博弈论、粗糙集理论、未确知测度、Borda序值法等理论。

（3）分别从系统耦合、利益相关者博弈和动力机制三个角度分析了资源型地区新型城镇化过程中的风险发生机制：将资源型地区新型城镇化作为一个整体系统，首先，对该系统进行耦合分析，建立资源型地区新型城镇化系统耦合模型，分析资源型地区新型城镇化系统耦合演化过程，进行资源型地区新型城镇化系统耦合风险分析，模拟出资源型地区新型城镇化耦合系统是一个风险不断爆发与规避的过程；其次，进行资源型地区新型城镇化建设利益相关者博弈分析，分别进行了中央政府与地方政府之间的财权与事权博弈、地方政府政策执行力博弈、地方政府与资源型企业基础设施改造融资分担博弈、政府—资源企业—民众三者之间的生态利益博弈，研究发现在各种利益相关者博弈过程中存在着执行力风险、资金风险、基础设施建设风险、环境保护风险等；最后，对资源型地区新型城镇化动力因子、动力源、动力机制进行研究，发现资源型地区新型城镇化建设动力机制存在着各种潜在功能障碍。通过风险分析，可以得到资源型地区新型城镇化建设总体上存在四类风险，分别为管理风险、经济风险、社会风险和生态风险。

（4）根据风险分析的结果，结合现有文献中的相关评价指标体系，以基于目标导向的风险识别为方法，获取与识别风险影响因素与风险指标，初步建立资源型地区新型城镇化风险因素指标体系。对体系中的指标进行风险假设，通过问卷调查的形式，对风险假设进行实证性分析；通过探索性检验与验证性检验对指标进行筛选，结合专家意见，确定最终的资源型地区新型城镇化风险指标。

（5）选择资源型地区新型城镇化建设风险评价方法，确定各个风险指标的分级标准及风险等级划分依据，利用粗糙集理论确定风险影响因素及风险指标的权重，并建立未确知测度风险评价模型，最后利用Borda序值法对风险评价结果进行综合排序，确定风险管控重点。以大同市矿区为例进行实证分析，得到大同市矿区在新型城镇化过程中各类风险的风险管控重点分别为经济结构、基础设施建设、资源状况、政策法律。

（6）根据本书风险分析、风险识别、风险评价的研究结果，提出了资源型地区新型城镇化风险防范的思路与基本原则。建立了包括建设资金保障机制、生态资源保护机制、专项政策规划机制、风险全面防控机制等在内的风险防范机制。指出了资源型地区新型城镇化建设的风险防范路径，提出了在防范经济风险方面，应大力发展接替产业，保证经济发展规模；优化升级经济结构，避免结构性经济衰退；提高经济发展质量，防止资源过快耗竭。对于社会风险的防范，应做到加快基础设施建设，防止城市棚户区蔓延；加强基本公共服务供给能力，提高城镇管理水平；实现文化娱乐活动多样化，提高居民满意度；从防范生态风险的角度出发，要建立资源开发补偿机制，防止资源过快耗竭；树立集约环保的生产与生活理念，预防生态进一步恶化。在管理方面，应树立政策风险意识，科学编制系统规划；改进政府城镇管理模式，对城镇化过程实施有效监控；加强城镇化的舆论宣传，扩大城镇化效应。

本书的主要研究贡献有以下几点：

（1）将资源型地区新型城镇化风险作为研究对象，通过风险管理的流程，实现了对资源型地区经济、社会、生态和管理四个方面在新型城镇化过程中风险的诊断与管控。在研究视角方面，本书具有一定的创新意义。

（2）将资源型地区新型城镇化作为一个整体系统，首先，对该系统进行耦合分析，建立资源型地区新型城镇化系统耦合模型，分析资源型地区新型城镇化系统耦合演化过程，最终进行资源型地区新型城镇化系统耦合风险分析；其次，进行资源型地区新型城镇化建设利益相关者博弈分析，分别进行中央政府与地方政府之间的财权与事权博弈、地方政府与中央政府间政策执行力博弈、地方政府与资源型企业基础设施改造融资分担博弈以及政府—资源企业—民众三者之间的生态利益博弈；最后，对资源型地区新型城镇化动力因子、动力源、动力机制进行分析，发现了动力功能的潜在障碍。

（3）以基于目标导向的风险识别方法，在新型城镇化、资源型地区可持续发展等目标的基础上，识别出了资源型地区新型城镇化过程中经济、社会、生态、管理四个方面共10个风险影响因素和40个风险指标，初步建立了资源型地区新型城镇化风险因素指标体系，对各指标进行了风险假设，以调查问卷的方式对风险假设进行了实证分析，并对调查结果进行了探索性检验与验证性检验，结合专家建议，最终留下36个风险指标。

（4）在本书建立的资源型地区新型城镇化风险因素指标体系的基础上，利用专家意见法结合粗糙集理论计算风险影响因素与风险指标的权重，确定各个风险指标的分级标准及风险等级划分依据，构造了各个风险指标的未确知测度函数，建立了风险指标未确知测度矩阵，并计算出风险因素未确知测度向量，从而得到各个风险影响因素的风险等级，最后利用Borda序值法对风险影响因素管控重要度进行排序。以山西省大同市矿区为例，对前文所建立的资源型地区新型城镇化风险评价模型进行了实证验证，得到了大同市矿区各风险影响因素的风险等级以及风险管控的重点。

在本书撰写过程中，作者参考了我国资源型地区新型城镇化研究方面的大量资料和著作，并借鉴了一些相关研究成果，在此深表谢意。限于作者水平和精力，本书的疏漏与不足在所难免，敬请同行专家及各位读者批评指正。

作　者

2023年6月

目　录

第一章　绪论

　　本章介绍了本书的选题背景和研究意义，对与本书内容相关概念的国内外研究现状进行了梳理与归纳，探讨了研究资源型地区新型城镇化风险管理的可行性与必要性，据此明确了本书的研究目标，并确定了拟采用的研究方法与技术路线。

第一节　选题背景和研究意义

一、选题背景

　　矿产资源在人们日常的生产生活中起到了重要作用，在资源富集型地区开发此类资源，是改变城乡结构、促进城镇化、保证国民经济发展等方面的重要因素。在我国经济与社会发展过程中，大部分的原材料出自矿产资源。城镇化的进程也伴随着大量能源的使用，这些能源包括石油、天然气、煤炭、铁铜铝等。我国资源型城市数量多、分布广，根据国家2013年发布的《全国资源型城市可持续发展规划（2013—2020年）》中的统计数据，我国共有各类资源型城市262个。

　　中西部地区的城镇化得益于其矿产资源的储藏量。除了源源不断地为全国各地提供城镇化发展所需的各种类型的能源，其在为国民经济做贡献的同时发展了自身的城镇化规模和水平，但是同东部地区的城镇化水平还相去甚远。随着资源的开发，区域经济得到了发展，然而在发展过程中出现了众多难以解决的问题，如产业结构的不均衡，经济发展主要依赖资源的开发，能够形成规模的替代产业发展不足，城镇化发展程度落后于工业化水平；城市基础设施建设滞后，功能不完善；生态环境破坏严重；保持社会稳定的难度增大等。这些问题的产生是由于对城镇发展的规划设计不足以及资源储存量的不断消耗所引起的。资源型地区的经济与社会发展是各种因素综合作用的过程，这种发展的过程对资源的依赖性很强。资源开采需要经历多个发展阶段，如勘探、开采、成熟、繁荣、衰退、枯竭等，与资源开采关系密切的经济发展也同样存在着多个发展阶段。我国有许多资源富集型城市已经处于衰退状态，其中有69个被划为资源枯竭型城市，城市发展急需转型。

　　党的十六大之后，我国不止一次地提出"中国特色城镇化道路"。新型城镇化是转变现代化发展战略的重中之重。新型城镇化建设发展需要矿产资源的支撑，资源型地区先天的资源优势为其自身新型城镇化建设提供了可能，通过新型城镇化可以使其得到新一轮发展。但作为我国城镇化建设的薄弱环节，资源型地区面临的不仅是新型城镇化所蕴含的巨大机遇，同时还包括新型城镇化建设中潜在的风险与挑战。

在上述背景下，以风险管理的思想为指导，对我国资源型地区新型城镇化进行风险分析，识别资源型地区新型城镇化过程中潜在的风险影响因素，建立风险评价模型，确定风险管控重点，提出风险防范路径，成为本书的主要研究内容。

二、研究意义

1.理论意义

资源型地区是我国既特殊又重要的一种地域形式，资源型地区新型城镇化建设的风险研究体现了从一般到特殊的研究规律。本书将风险管理的思想与方法运用到了资源型地区新型城镇化建设风险研究中，对资源型地区、新型城镇化、风险管理相关理论与方法进行归纳和总结，试图构建起资源型地区新型城镇化风险管理的研究框架，以此来丰富区域管理的理论体系。

2.现实意义

新型城镇化是推动我国经济社会持续发展的重要引擎，是实现我国现代化建设的必经之路，对于改善民生、提升我国城镇化质量有着重要的战略意义。同时，新型城镇化建设是资源型地区进行转型的重要契机，新型城镇化以集约、智能、绿色、低碳为导向，坚持资源节约、环境友好、生态保护，以实现人的城镇化为核心。如果可以有效利用新型城镇化政策要求，将激发出资源型地区改革与创新的活力，促进资源型地区产业结构优化升级，有利于改善资源型地区日益恶化的生态状况，实现资源型地区的健康、可持续发展。

然而，由于资源型地区的特点与制约因素的存在，使得资源型地区新型城镇化过程中的风险远大于其他地区，如建设资金短缺、社会矛盾激化、资源枯竭、传统体制机制的束缚等。各种潜在风险的存在将严重阻碍资源型地区新型城镇化的建设进程。对资源型地区新型城镇化风险进行研究，可以推动国家与政府对资源型地区给予特殊的关注，而不是把资源型地区的新型城镇化和其他地区"一视同仁"，资源型地区有其发展的特殊性，存在着更多的潜在风险，国家对这些地方应该给予更多的支持，同时也是对这些地方过去贡献的补偿。[①]

采用风险管理的思路与方法对资源型地区新型城镇化进行风险研究，通过风险分析可以从整体上对资源型地区新型城镇化的风险概况与风险类型有所了解，有效的风险识别可以找到资源型地区新型城镇化建设的风险影响因素与风险指标，采用科学的方法进行风险评价可以确定风险管控重点，找到资源型地区新型城镇化建设的短板，进行相应的风险防范，可以在一定程度上防患于未然，保证资源型地区新型城镇化建设的顺利进行。

第二节　国内外研究现状

一、传统城镇化

1.传统城镇化概念的提出与界定

通常所说的城镇化来源于英语urbanization，是指随着农村人口转移到城镇，二、三产业集中到城镇，从而出现更多的城镇，以及城镇中人口数量增多和占地面积不断扩大的一种现象。[②]《大英百科全书》对城市化作出的解释

① 郑小平，高金吉，刘梦婷. 事故预测理论与方法[M]. 北京：清华大学出版社，2009：212–221.
② 赵景海. 我国资源型城市发展研究进展综述[J]. 城市发展研究，2006（3）：86–91.

是："城市化被认为是人口从农村向城镇或者城市区域逐渐集中的过程。这种集聚方式有两种，一是城镇数量在增加，二是城市内部人口增多。"

基于各自的研究领域，关于城镇化的定义也不一样。例如：①在人口学范畴中，城镇化被解释为人口的城镇化，即城镇化是人口从农村集中到城市的过程，结果表现为农村人口最终都变成了城市人口。②在地理学范畴中，城镇化指的是在生产力发展过程中，在农村人口向城市集聚过程中，城市所占用的空间会越来越大，相对的农村所占有的比例范围逐渐缩小。③在经济学范畴中，城市是人民从事工业与服务业活动的主要区域。城镇化是工业和服务业产生、集中和壮大的过程。城镇化规模因经济的持续发展，工业、服务业规模的增大，以及就业人数的增加而扩张。④在社会学范畴中，城市被看作是一种生产方式生成、集中和分散的过程。他们强调城镇化是指农村人口的物质和文化生活方式从旧的农村方式向城市人的方式转变，让更多的农村居民享受城市文明。

2.国外对于城镇化的研究历程

国外的城市化始于18世纪后期的工业革命，并很快形成了关于如何选择最佳的城市形态以促进城市化的理论研究，当时主要分为分散主义与集中主义两种观点。盖迪斯在其著作《城市发展》以及《进化中的城市》中所倡导的人本主义的规划思想，帕克提出的同心圆结构模式，以及霍伊特提出的扇形模式等，将生态学原理引入城市化问题的解决之中。从20世纪中后期开始，国外学者们开始了对城镇化的多角度研究，各个方面的城镇化理论不断被提出，极大地丰富了城镇化的内涵。哈格斯特朗提出的现代空间扩散理论、佩鲁提出的增长极理论、弗里德曼提出的"核心—外围"模式理论等对城市化的研究是从空间扩散的视角展开的。约翰·加尔布雷思在他的著作《富足社会》中提出了商品的富足和社会服务的贫穷，开始从心理感受与精神享受的层面关注城镇化。诺瑟姆提出了"城市化过程曲线"，他认为城镇人口占总人口的比重随着时间的推移呈现为一条平缓的S曲线，并将城镇化划分为三个阶段，分别为初始阶段、加速阶段与稳定阶段。[①]刘本杰将城镇化的研究引入经济学的领域，他认为通过提高生产效益可以有效地改善城镇居民的生活条件，并且得到了论证。吉尔伯特和格勒认为国际化趋势对于城市经济带的形成与发展有着重要的影响。阿姆斯特朗和麦吉分析了亚洲城市在全球化生产过程中通过吸引国际资本而得到快速发展。麦吉还提出了实现城乡一体化是城市化的最终目标。Pemia等研究了城市化可持续发展战略，Stren和Yeng提出城镇化政策的制定不仅需要国家和地方政府主导，城市也应该根据自身实际情况，在政策规划的制定中发出自己的声音，实现城镇化建设的高水平。[②]

　　除了广义的城市化，国外学者对中国城镇化问题也展开了专门的研究。1998年，Young和Deng根据中国1978—1991年之间的历史数据，对工业与农业对中国城镇化的影响进行了对比，得出农业对于中国的城镇化来说既有重要的促进作用，同时也限制着城镇化进程，中国需要提高农业生产效率，以农业现代化推动中国的城镇化。2003年，Pannell通过对城镇化与工业化之间的关系进行比较研究，得到了随着产业结构的变化，人口布局也将随之发生转变。[③]2005年，Friedmann在《中国城市变迁》中对中国的城市化问题进行了系统的介绍，认为中国在城市制度、社会、城市化、城乡人口转变等方面已经有很大的成就，但也存在一些问题，应该从历史文化的角度去分析看待这些问题。[④]

3.国内关于传统城镇化的研究

　　城镇化的正式使用是在党的十五届三中全会上，会议指出城镇化质

---

① 陈书奇. 地方政府在城镇化中的角色紧张及优化策略[J]. 郑州大学学报（哲学社会科学版），2015，48（4）：87-91.

② 马长青. 贵州省新型城市化发展战略模式研究[D]. 长沙：中南大学，2014.

③ Lynch K. Rural-urban interaction in the developing world [M]. London: Routledge Perspectives on Development，2005.

④ Friedmann J. Four theses in the study of China's urbanization [J]. Urban Regional，2006，30（2）：441-448.

量有大幅度的提升将是新农村经济建设最主要的工作任务。国内学者对urbanization的译文可以归纳为以下三种观点：一是主张将其译为"城镇化"，这种观点对城镇化的解释是伴随着经济发展和农村人口持续迁往城镇的过程[①]；二是主张译为"城市化"，认为城市化是由于市场经济的作用，一个国家的人口结构、资源和生产结构将城市作为核心进行重新配置的过程，是在工业化和现代化过程中国家进行制度创新形成的结果，城市化过程中社会的生产和生活方式都会有翻天覆地的变化[②]；三是主张译为城市化和城镇化两者均可，认为urbanization是人口、产业和生活方式由于生产要素集中而发生变化，城市与农村人口共同享有现代文明的一种过程。[③]

我国学者高佩义将传统城镇化的含义分为了五个等级：一是农村受到城市的影响向城市转变；二是农村自发进行的城市化；三是城市不断发展；四是按照学科研究对象包括人口、土地和经济等来区分的城市化；五是作为城市化整体运动过程的城市化。

传统城镇化是一个由政府主导的城镇化，强调工业化的带动和经济的发展，并以此为目标通过外部需要的牵引，消耗大量物质资本而主要进行土地的城镇化，是高成本、低收益的城镇化。传统城镇化研究的对象主要是农村向城市或者农村人口向城市人口的转变，不强调城市自身的发展，资源型地区虽然区别于农村地区，但是多种原因造成这些地区的城镇化质量并不是很好，且没有可持续发展性，转变发展方式走新型城镇化道路是必然选择。

本书认为城镇化就是符合中国国情、具有中国特色的城市化。相比城市化侧重于农业人口向大中城市的集聚而言，城镇化更多地强调非城市地区就地发展为镇，进而发展为市。

---

① 辜胜阻. 中国城镇化的理论支点和发展观[J]. 农村经济与社会，1991（4）：1-7+57.

② 赵新平，周一星. 改革以来中国城市化道路及城市化理论研究述评[J]. 中国社会科学，2002（2）：132-138.

③ 丁任重，李标. 改革以来我国城镇化进程中的"缺口"与弥补[J]. 经济学动态，2013，626（4）：37-42.

二、新型城镇化

1.新型城镇化的提出与概念界定

官方于2012年末在文件中正式提出新型城镇化的概念，同年12月，中央组织了关于下一年经济工作的会议，并提出了目前城镇化的主要任务是努力改善城镇化的质量。新型城镇化的内在本质也在会议中得到了确定，从此就产生了有着中国特色的新型城镇化概念。

专家学者主要从以下几种观点出发分别对新型城镇化的概念进行描述。一是多元化观点。此观点的代表人物为简新华，他指出新型城镇化要想达到或形成内在发展，并实现发展形式的多元化，就必须做到政府和市场一同发挥其应有的作用，同时与城镇化的集聚或扩散等相互结合，这样的城镇化是与现代社会发展、当代的工业化、高速发展的信息时代相互促进的。[1]二是协调观点。此观点的主要研究人员有曹萍[2]、陈甬军[3]、景普秋[4]，他们的观点是新型城镇化建设要兼顾发展城市和乡村经济，推进城乡一体化改革，实现人口、自然环境、资源的可持续协调发展，实现资源节约、区域协调发展。三是创新观点。此观点的主要研究人员有魏娟、李敏、曹玲，他们的观点是以科学发展观作为新型城镇化的基本观点，同时要有创新理念，在经济社会发展中保护环境和节约资源，实现统筹城乡发展，实现区域一体化，实现经济社会的高效低碳发展。[5]四是转型观点。此观点的主要研究人员是舒家

① 简新华. 城市化道路与中国城镇化——中国特色的城镇化道路研究之一[J]. 学习与实践，2003（10）：42-48.

② 曹萍. 新型工业化、新型城市化与城乡统筹发展[J]. 当代经济研究，2004（6）：58-60.

③ 陈甬军. 中国的城市化与城市化研究——兼论新型城市化道路[J]. 东南学术，2004（4）：23-29.

④ 陈甬军，景普秋. 中国新型城市化道路的理论及发展目标预测[J]. 经济学动态，2008，571（9）：4-15.

⑤ 魏娟，李敏，曹玲. 基于创新理论的新型城市化支持系统研究——以江苏省为例[J]. 科技进步与对策，2008，25（12）：65-68.

先，他的观点是新型城镇化在一定时期内的发展是逐渐变化、逐渐深入、逐渐提高的，新型城镇化的转变方式是经济增长模式的不同，即粗放转变为集约；是经济社会结构的转变，转型的方式为农村转变为城市、传统转变为现代、城市转变为知识化与信息化城市。①五是结构观点。此观点的主要研究人员是程必定，他的观点是新型城镇化建设主要受到结构的影响，因此结构转型是新型城镇化的重中之重，新型城镇化主要实现内容是结构和人口的转型。②六是两型社会观点。此观点的主要研究人员是吕灵华③、张春贤④，他们的观点是新型城镇化建设要与第一、第二产业的现代化相互协调，相互促进，达到城市与农村共同进步。达成此目的需要走两型带动的模式，人是社会的核心，经济建设中市场自由分配，政府监管，做好可持续的相关工作。

新型城镇化的本质是，基于我国国情并尊重城镇化一般规律，以人为本，以国内外城镇化建设经验教训为鉴，最终实现社会经济的发展，推进我国城镇化进程，实现全体人民的共同富裕，建设具有中国特色的前进道路。新型城镇化建设要考虑综合承载能力，做好各种社会保障，如教育、医疗、交通等，做好以人为核心，促进城乡协调发展，促进产业与人口的协调发展，降低失业率，用高效的新型工业化促进城镇化，建设四化同步的中国特色新型城镇化道路。从具体内容和实现方式上看，"新型"体现在"四城"：大城市、中型城市、小城市和小城镇；共同发展，体现在城市和农村的统筹发展和一体化，产业和城市互相促进。生态环境良好，社会和谐，是四城和新农村共同发展、互相促进的城镇化。具体来说就是兼顾四化之间的相互联系，使它们更好地为新型城镇化服务，同时重视政府和市场的作用，

---

① 舒家先. 以新型城市化推动城乡统筹发展[J]. 中国城市经济，2008，101（2）：58-61.

② 程必定. 统筹城乡协调发展的新型城市化道路——兼论成渝试验区的发展思路[J]. 西南民族大学学报（人文社科版），2008，197（1）：98-102.

③ 吕灵华. "两型"社会视角下的湖南新型城市化道路探析[J]. 湖南行政学院学报，2008，54（6）：58-60.

④ 张春贤. 在新的起点上加速推进湖南特色的新型工业化[J]. 新湘评论，2008，21（9）：4-7.

大力发展城镇化的推动力——经济，走可持续发展的道路，促进经济、政治、文化、环境与社会等各方面的协调发展，统筹人口、资源、环境向城镇的集聚。

2.新型城镇化特征研究

对于新型城镇化特征的理解实际上与内涵分析互联互通，所以有的研究分别分析了新型城镇化的内涵及其特征，有的研究则把内涵和特征放在一起进行阐释。其中，胡际权主要从协调的视角总结了新型城镇化应该实现的七大协调，这七个部分分别为城镇规模、城镇布局、城镇功能、城镇产业、城镇环境、城镇社会、区域发展等。[1]牛文元认为城镇发展的动力、质量和公平这三大元素是新型城镇化发展的重要表征。[2]魏后凯将中国特色新型城镇化道路的基本特征归纳为多元、渐进、集约、和谐和可持续。[3]

本书认为新型城镇化的关键在于质量而非速度与规模，主要体现在城镇经济发展的质量、社会进步的质量、生态环境的质量以及政府管理的质量。通过新型城镇化，最终实现的是经济的可持续发展、社会的共同进步、人与自然的和谐共处以及政府与公众的友好互动。

三、资源型地区

1.资源型地区的概念界定

张秀生等认为，资源型地区是指这样一类地区：其核心作用是向公众供给矿产品及矿产加工产品等利用资源特性而开发的产品。[4]高保全则把资源

---

[1] 胡际权. 中国新型城镇化发展研究[D]. 重庆：西南农业大学，2005.

[2] 牛文元. 中国新型城市化战略的设计要点[J]. 科技促进发展，2009，32（1）：1–5.

[3] 魏后凯. 走新型城镇化发展之路[J]. 前线，2014（12）：88–89.

[4] 张秀生，陈先勇. 论中国资源型城市产业发展的现状、困境与对策[J]. 经济评论，2001（6）：96–99.

型地区界定为，在固定时期内，产业发展是以区域内矿产、森林等自然资源的开发加工为主，资源在很大程度上被耗费，并且以资源为依托的产业在经济发展中发挥重要作用的地区。[①]郑永杰的观点是，资源型地区主要是依靠开挖、简单加工以及出售自然资源，对外界供给资源性产品的地区，伴随资源开挖，该地区的城市化和工业化也在向前发展。[②]郑文升认为，该地区的经济主要依赖于森林和矿产资源的开采、粗加工等方式，并且成为该地区最重要的经济形式，即定义为资源型地区。[③]刑利民所认为的资源型地区，自然资源充足，对自然资源的开发利用使区域不断地发展壮大，以资源为依托的产业在其经济发展过程中占有举足轻重的地位，并且负责向国际或国内其他地区提供煤炭、矿物、石油或者煤制品、矿制品和石油制品等。[④]蔡飞等对资源型地区概念的界定与高保全类似，不同之处在于其提出了以牺牲环境为代价的观点。[⑤]李娟的观点是，该地区的经济主要是依靠本地的资源性优势，对自然资源进行开采和粗加工发展起来的地区。[⑥]

2.国外关于资源型地区的研究历程

奥隆索于20世纪20年代最早提出了"矿业城镇"的概念，在这之后，国外学者对资源型地区从不同角度进行了大量的研究，按照资源型地区的自身发展规律，主要分为以下几个阶段：

第一阶段，20世纪30年代至70年代，这一时期研究的重点有资源型城市

① 高保全. 资源型地区政府生态责任问题研究——以山西省转型发展为例[D]. 苏州：苏州大学，2011.

② 郑永杰. 国际贸易的技术溢出促进资源型地区技术进步的机理研究[D]. 哈尔滨：哈尔滨工业大学，2013.

③ 郑文升. 我国资源型地区发展的补偿与援助——对东北地区典型问题的研究[D]. 长春：东北师范大学，2008.

④ 邢利民. 资源型地区经济转型的内生性增长研究[D]. 太原：山西财经大学，2012.

⑤ 蔡飞，金洪. 基于区位熵理论的中国资源型地区判定研究[J]. 技术经济与管理研究，2010（2）：142–144.

⑥ 李娟. 资源型地区区域经济发展差异研究——以山西省为例[D]. 福州：福建师范大学，2014.

的人口特征（欧费奇力格、布莱伯德里）、矿区生命周期（马什、胡贝特）、资源型城镇面临的社会问题（沃伦、弗里德、昂格尔、坎贝尔）等。本时期对资源型地区经济发展理论的概括不足，对资源型地区的衰落问题认识不清，对资源型地区的发展问题缺少国家和国际的视野。[①]

第二阶段，20世纪70年代末至80年代，是资源型地区的转型研究阶段，西方国家学者开始将研究重点转向资源型地区经济转型方面，探索资源型地区产业转型的路径和方法，并开始关注到资源型产业和城镇发展与地区发展之间的关系。

第三阶段，从20世纪80年代到现在，为资源型地区稳定、可持续发展的研究阶段，对资源型地区的就业问题、环境污染问题以及资源性产品价格机制形成问题等方面进行了研究，代表人物有海特尔、巴姆斯、冉多、荣思德等。[②]

此外，国外学者还对资源型地区的两个重大问题，即"荷兰病"和"资源诅咒"问题进行了深入的研究与探讨。

3.国内关于资源型地区的研究历程

我国对于资源型地区的研究比起国外较晚，主要是伴随着中华人民共和国工业化建设的推进。可以分为以下几个阶段：

第一阶段，1949—1978年，我国大规模地推进工业化建设。国家对勘探矿产资源、开拓土地和砍伐森林资源方面加大了重视程度和投资力度，使大量的矿产资源、能源、森林及拓荒土地等产业迅速兴起，因而推动了资源型地区的发展进程。在这一时期内，国内学者对资源型地区的研究围绕着资源的勘察与开发、基地建造和工业架构等方面。[③]

第二阶段，20世纪70年代至90年代中期，计划经济时期遗留的资源粗放开采方式造成了资源利用率低、经济效率低下等问题，随着改革开放的到

---

① 柳泽，周文生，姚涵. 国外资源型城市发展与转型研究综述[J]. 中国人口·资源与环境，2011，21（11）：161-168.

② R. M. Auty. Resource Abundance and Economic Development[M]. Oxford：Oxford University Press，2001：57-75.

③ 赵景海.我国资源型城市发展研究进展综述[J]. 城市发展研究，2006（3）：86-91.

来，经济体制的转变又带来了失业等问题，这些问题严重阻碍了资源型地区的发展，得到了学术界的关注。研究的视域转回到资源型地区城市的本质，关注的焦点在于资源型地区产业发展的差异性以及发展过程中存在的问题。

第三阶段，20世纪90年代中期至今，资源型地区所造成的问题极大地阻碍了我国的经济和社会的发展，我国各个阶层的人民也日渐关注资源型地区的发展情况。对资源型地区的研究范畴也扩展到以下几个方面：资源的过度开发所引发的经济和社会问题，自然环境的破坏及恢复举措，以及发展结构转型等。

4.资源型地区新型城镇化研究

何雄浪对我国西部地区资源型城市发展与新型城镇化路径进行了研究，归纳了资源型城市产业转型的几种模式，分析了西部地区资源型城市发展面临的困难，最后提出了促进西部地区资源型城市发展，加快新型城镇化发展的主要战略思路。[①]齐雅琴对资源型地区产业结构演化与城镇化耦合互动关系进行了研究，分析了资源型地区产业结构演化与城镇化的互动机理，提出了山西省产业结构演化与城镇化互动的制约因素，给出了促进山西省产业结构与城镇化协调发展的对策建议。[②]王素娟等认为新型城镇化是巩固辽宁省老工业基地振兴的重大举措，设计了新型城镇化评价的指标体系，并对辽宁省整体以及各市的新型城镇化进程进行了评价。提出了加强大沈阳都市圈和大连都市圈等大城市群的建设，发展县域经济，加强小城镇建设的建议。[③]安晓亮等建立了新疆新型城镇化评价指标体系，从经济发展、资源与环境保护、社会发展三个方面对新疆的新型城镇化水平进行了综合评价研究。[④]

---

① 何雄浪，毕佳丽. 我国西部地区资源型城市发展与新型城镇化路径研究[J]. 当代经济管理，2014（3）：67-72.

② 齐雅琴. 资源型地区产业结构演化与城镇化耦合互动关系研究[D]. 太原：山西大学，2015.

③ 王素娟. 辽宁省新型城镇化进程评价[J]. 城市发展研究，2014（3）：21-27.

④ 安晓亮，安瓦尔·买买提明. 新疆新型城镇化水平综合评价研究[J]. 城市规划，2013（7）：23-27.

5.资源型地区风险管理研究

薛晴等分析了资源富集型地区民间金融系统性风险的生成机理与积累过程，探讨了资源富集型地区民间金融系统性风险对正规金融以及实体经济的影响，提出了资源型地区民间金融系统性风险相关治理建议。[①]白嘉对陕西省陕北能源化工基地矿产资源型产业集群的风险进行了研究，提出陕北能源化工基地矿产资源型产业集群具有"资源诅咒"效应显著、产业链短、产业结构单一、可持续性差等风险。[②]肖辉赞研究了资源枯竭地区经济增长点培育与风险规避机制，探讨了资源枯竭地区政府与经济增长点培育过程的风险分担机制，提出了通过文化创新与技术创新实现风险规避。[③]

四、研究现状简评

从国内外研究现状可以看出，对资源型地区、城镇化和风险三个问题的分别研究相对较多，并且取得了丰富的研究成果。也有不少学者分别对两个问题的结合进行了研究，例如资源型地区的新型城镇化问题：王素娟等对辽宁省的新型城镇化进程进行了评价；[④]安晓亮等对新疆的新型城镇化水平进行了综合评价研究。[⑤]关于资源型地区的风险研究：薛晴等对资源型地区民

---

① 薛晴，刘湘勤. 资源富集地区民间金融系统性风险的成因、影响及治理[J]. 经济学家，2014（4）：100–101.

② 白嘉. 矿产资源型产业集群的风险分析及政策选择——以陕北能源化工基地为例[J]. 未来与发展，2013，36（10）：96–101.

③ 肖辉赞. 资源枯竭地区经济增长点培育与风险规避机制研究[D]. 阜新：辽宁工程技术大学，2003.

④ 王素娟. 辽宁省新型城镇化进程评价[J]. 城市发展研究，2014（3）：21–27.

⑤ 安晓亮，安瓦尔·买买提明. 新疆新型城镇化水平综合评价研究[J]. 城市规划，2013（7）：23–27.

间金融风险进行了研究；[1]白嘉对陕西省矿产资源型产业集群的风险进行了研究。[2]关于新型城镇化风险研究：李堃等对新型城镇化进程中的政府债务风险进行了研究；[3]李发生等提出了新型城镇化应高度关注污染场地再利用的风险管控。[4]就目前而言，尚未有学者进行过资源型地区新型城镇化风险管理的专门研究，然而资源型地区的新型城镇化建设是全国新型城镇化的薄弱环节，因此有必要对其所存在的风险进行探讨与研究。

第三节　研究目标

（1）对资源型地区新型城镇化建设进行风险分析，从系统耦合、利益相关者博弈以及动力机制的角度，分析新型城镇化过程中的潜在风险，为进一步的风险因素识别奠定基础。

（2）识别资源型地区新型城镇化过程中所存在的风险，建立资源型地区新型城镇化风险因素指标体系，对各类风险影响因素及指标进行分析，并提出风险假设，对风险假设进行实证分析，通过探索性检验与验证性检验确定最终的风险指标。

（3）选择风险评价方法，确定风险评价流程，建立风险评价模型，对所

---

① 薛晴，刘湘勤. 资源富集地区民间金融系统性风险的成因、影响及治理[J]. 经济学家，2014（4）：100-101.

② 白嘉. 矿产资源型产业集群的风险分析及政策选择——以陕北能源化工基地为例[J]. 未来与发展，2013，36（10）：96-101.

③ 李堃，张维凤. 新型城镇化进程中县域政府债务风险防范分析[J]. 审计研究，2014，179（3）：9-13.

④ 李发生，张俊丽，姜林，等. 新型城镇化应高度关注污染场地再利用风险管控[J]. 环境保护，2013，41（7）：38-40.

建立的资源型地区新型城镇化风险因素指标体系中的各指标进行风险评估。以大同市矿区为例，进行风险管理实证研究。

（4）探索资源型地区新型城镇化建设过程中应建立的风险防范机制与风险防范路径，力求将资源型地区新型城镇化建设过程中的风险降到最低。

第四节　研究方法和技术路线

一、本书研究方法

1.文献研究法

通过搜集、整理现有文献，对本书相关问题的研究现状有了系统性的认识（第一章），并为本书的研究提供了坚实的理论基础（第二章）。书中资源型地区新型城镇化风险因素指标体系的建立也是在大量文献的基础上所进行识别的结果（第四章）。

2.问卷调查法

本书资源型地区新型城镇化风险因素指标体系的实证分析是通过问卷调查的形式进行的。通过对资源型地区政府工作人员、国企工作人员以及当地居民的实地访问与在线问卷，得到了资源型地区新型城镇化风险因素指标的一手资料，使用SPSS和AMOS软件对问卷进行探索性检验与验证性检验，最终建立了本书的风险指标体系（第四章）。

3.定性分析与定量分析相结合

在建立资源型地区新型城镇化风险因素指标体系的过程中，本书首先根据文献研究法，对各类风险因素及指标进行了定性分析，在确定了备选指标之后，对备选指标进行了探索性检验与验证性检验等定量分析。在之后的风险评估过程中也采用了定量评估，同时根据评估结果对资源型地区新型城镇化风险进行定性分析（第五章）。

（4）实证研究

本书选择典型的资源型地区——山西省大同市矿区进行研究，对其进行了深入调研，通过实际数据，运用粗糙集理论和未确知测度评价模型进行评价，得出大同市矿区各个风险因素的风险等级，并对其结果进行分析（第五章）。

二、技术路线

见图1-1。

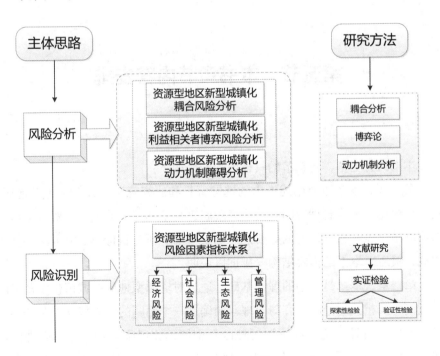

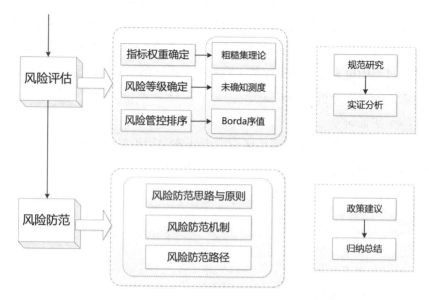

图1-1　本书技术路线图

第五节　本书章节内容安排

本书共分七章，各章节的具体内容安排如下：

第一章，本章主要阐述本书的选题背景和研究意义，并对资源型地区、新型城镇化、风险管理等问题的研究现状进行了阐述，明确进行资源型地区新型城镇化风险管理研究的必要性。确定本书的研究目标、研究方法和技术路线，最后对本书的内容结构安排加以说明。

第二章，本章是本书的理论基础，通过对资源型地区、城镇化以及风险管理概念及相关理论的研究与梳理，明确这三个问题的独立特性以及进行交叉研究的可行性，为后续资源型地区新型城镇化风险管理的研究做理论铺垫。介绍本书拟采用的风险分析与风险评价方法，包括博弈论、粗糙及理论、未确知测度、Borda序值法等。

第三章，将资源型地区新型城镇化作为一个整体系统，首先，对该系统进行耦合分析，建立资源型地区新型城镇化系统耦合模型，分析资源型地区新型城镇化系统耦合演化过程，最终进行资源型地区新型城镇化系统耦合风险分析；其次，进行资源型地区新型城镇化利益相关者博弈风险分析，分别进行中央政府与地方政府之间的财权与事权博弈、地方政府与中央政府间政策执行力博弈、地方政府与资源型企业基础设施改造融资分担博弈、政府—资源企业—民众三者之间的生态利益博弈；最后，对资源型地区新型城镇化动力因子、动力源、动力机制进行分析，并对动力机制功能障碍进行研究。

第四章，在第三章资源型地区新型城镇化风险分析的基础上，结合现有文献中的相关评价指标体系，以基于目标导向的风险识别为方法，获取与识别风险影响因素与风险指标，初步建立资源型地区新型城镇化风险因素指标体系，对体系中的指标进行风险假设，通过问卷调查的形式，对风险假设进行实证性分析，通过探索性检验与验证性检验对指标进行筛选，结合专家意见，确定最终的资源型地区新型城镇化风险指标。

第五章，根据第四章建立的资源型地区新型城镇化风险因素指标体系，确定各风险指标的分级标准及风险等级划分依据，利用粗糙集理论确定风险影响因素与风险指标的权重，并建立未确知测度风险评价模型，最后利用Borda序值法对风险评价结果进行综合排序。以大同市矿区为例进行实证分析，得到大同市矿区在新型城镇化过程中的风险管控重点。

第六章，根据前文风险研究的结果，提出资源型地区新型城镇化风险防范的思路与基本原则，建立风险防范机制，并指出资源型地区新型城镇化建设的风险防范路径。

第七章，阐述本书的研究结论，总结本书的主要创新点，说明本书中研究的不足，并对进一步的研究方向提出展望。

第六节　本章小结

本章作为本书的绪论，首先介绍了本书的选题背景和研究意义，其次对资源型地区、新型城镇化以及风险等问题的国内外研究现状进行了梳理与综述，据此确定了本书的研究目标。交代了本书拟采用的研究方法，展示了研究的技术路线，并对本书的内容结构进行了安排。

第二章　相关概念及理论基础

本章对本书研究所涉及的相关概念进行了界定，分别界定了资源、资源型地区、传统城镇化、新型城镇化、风险、风险管理等概念，并对与本书相关的理论与评价方法进行了梳理与介绍。

第一节　相关概念界定

一、资源与资源型地区

资源是一个涉及经济、社会、政治、科技、法律等多个领域的概念。

在不同的研究领域，资源具有不同的内涵和定义。一般来说，资源是一种能够被人类直接或间接地开发，并具备某种利用价值的客观存在。资源的涵义可分为广义和狭义两个层次，广义上的资源可以分为自然资源与社会资源，狭义上的资源仅指自然资源。

随着社会经济的快速发展，物质和能量的消耗也在不断加快。一系列资源环境问题的出现，使得学者们把自然资源作为一个重要的研究对象。因为各个学科的特点和研究目的不同，研究自然资源的侧重点不同，对自然资源的定义也不同。

自然资源一般是指存在于自然界中，通过开发和利用可以为人类当前以及未来提供物质满足或精神享受的自然因素与环境的总称，例如为人类提供能源的矿产资源、供人类居住与种植农作物的土地资源以及森林资源、海洋资源等。社会资源属于人造资源，主要包括人力、信息、技术等资源。联合国环境规划署将自然资源定义为能够在特定时间和地点创造经济价值的自然环境要素和条件，包括矿产资源、土地资源、水资源、生物资源、气候资源、海洋资源等，以改善人类当前和未来的福利。本书中的资源指的是自然资源。

资源型地区属于区域经济结构类型划分的概念，主要是指以自然资源为依托，通过发展资源型产业而实现经济增长与社会发展的地区。资源型地区的主导产业一般是采掘业、初级加工业等围绕资源开发而建立的资源型产业。在区域分工中，资源型地区通常承担着资源型产品或资源型初级加工品的输出功能，例如煤炭、石油等产品的供给。[1][2][3]

根据所拥有主要资源种类的不同，一般可将资源型地区划分为森林资源富集型地区、矿产资源富集型地区、海洋资源富集型地区等。就矿产资源而言，按照资源的不同用途，又可以进一步细分为能源类矿产资源、金属/非金属类矿产资源等。

二、城镇化与新型城镇化

1.城镇化与新型城镇化的概念

城镇化是中国特色的城市化，它是工业化和现代化的结果，是在产业变迁的基础上，人民生活方式的一种转变。在城镇化的过程中，城镇人口比重不断上升，城镇空间不断扩张，第三产业的比重持续增加，随之而来的结果就是城镇居民对物质和精神生活的需求的不断增长。

新型城镇化是对传统城镇化的升级，与传统城镇化对速度与规模的重视相比，新型城镇化更注重质量的提升。具体体现在新型城镇化更加坚持以人为本，更加倡导产业和城市互相促进，更加崇尚生态环境友好，更加追求社会和谐。

从传统城镇化到新型城镇化，主要有以下两个方面的转变：

一是从土地城市化向人的城市化转变。土地城市化是一种"城市制造运动"，它增加了扩大城市规模的力量。地方政府对"土地财政"的过度依赖，

---

[1] Walter Isard. Location and space-economy: a general theory relating to industrial location, market areas, land use, trade, and urban structure [M]. Published Jointly by the Technology Press of Massachusetts Institute of Technology, Wiley Chapman & Hall, 1956.

[2] Bradbury J H. Towards an alternative theory of resource-based town development in Canada [J]. Economic Geography, 1979, 55（2）: 147-166.

[3] Pal N R, Bezdek J C. Measuring fuzzy uncertainty[C]. IEEE Transactions on Fuzzy Systems, 1994, 2（2）: 107-118.

不仅造成了土地的严重浪费，还催生了房地产泡沫，导致城镇空置房屋滞销。传统的"土地城市化"已经陷入不可持续的境地。新型城镇化要纠正传统土地城镇化，改变求多贪大，维护传统文化遗产。

二是新型城镇化发展要促进城乡文化传承创新，推动城市文化传承与城乡建设相结合发展。传统城镇化以速度取胜，速度快而质量低，质量与速度严重不匹配。中国传统的城市化不考虑条件和可能性以及国家土地、资源和能源的自然状况，盲目扩大了土地的征收，推动了社会资源以及土地、矿山价格等因素的上涨，造成了制造业产能过剩。因此，新型城镇化发展应在充分考虑中国城镇化各发展阶段、各区域、各种特点的实际情况下，分阶段进行。

2.新型城镇化与传统城镇化内涵辨析

从相互联系的角度来看，新型城镇化与传统城镇化都是城镇化进程中的一个阶段，从国内外城镇化演进历程分析，无论是欧美等发达国家和日韩等新兴发达国家的城镇化进程，还是拉美、印度等发展中国家的城镇化进程，大体上都表现出从粗放到集约、从低效到高效演进的总体趋势，相对应的也就是从传统城镇化向新型城镇化演进的趋势。"拉美陷阱"暴露出传统城镇化发展模式的诸多弊端和不可持续性，加上调控政策措施不力，导致巴西、印度等国在由传统城镇化向新型城镇化转型的关键阶段未能实现跨越，反而导致倒退。这一方面说明新型城镇化意味着对传统城镇化的改革、创新与扬弃，另一方面也说明了新型城镇化意味着对传统城镇化的优化与升级。

两者的差异可以从以下几个方面进行对比：一是发展理念不同，传统城镇化的总体理念是以外延式、速度型为主，重物轻人，而新型城镇化更注重内涵式、质量型发展，以人为核心，力争实现城镇化速度与质量、效益的统一；二是发展目标不同，传统城镇化的测度指标往往聚焦在人口城镇化率以及城镇空间扩张、数量增长等方面，而新型城镇化的测度指标则涵盖了人口、经济、社会、文化、生态、资源和环境等各相关层面的指标；三是发展模式不同，传统城镇化以自上而下为主、自下而上为辅，而新型城镇化以自下而上为主、自上而下为辅；四是城乡关系不同，传统城镇化是城乡分割、二元式发展，而新型城镇化是城乡统筹、城乡一体化发展；五是"四化"关系不同，传统城镇化是以重城轻乡、重工轻农为主，而新型城镇化是要推动新型工业化、城镇化、农业现代化和信息化"四化"同步发展；六是与生态资源环境的关系不同，传统城镇化的突出特征之一就是资源粗放利用、环境明显恶化、生态保护失效，而新型城镇化是以集约、智能、绿色、低碳为导向，坚持资源节约、环境友好、生态保护；七是推进机制不同，传统城镇化的发展背景是由计划经济向市场经济的过渡和演进阶段，计划经济的显性影响导致在城镇化过程中主要是以行政手段为主来配置资源，而新型城镇化重在发挥市场在资源配置中的决定性作用；八是推进主体不同，传统的城镇化的推进主体是以政府为主，而新型城镇化则包括了政府、企业、民众等多元主体。[①]

三、风险和风险管理

1.风险

风险是指可能造成损失的一种潜在状态。风险无时不在，无处不在，不能完全消除，只能尽量去控制其发生的频率以及造成的损失。

风险具有以下六个方面的特征：客观性、不确定性、可变性、可预测性、相关性和无形性。

（1）风险的客观性：风险无处不在，是客观存在的，而不是由人的意志转移的。

（2）风险的不确定性：不确定性主要指风险发生概率的不确定性、风险发生时间的不确定性和风险损失程度的不确定性。

（3）风险的可变性：风险的表现形式是多样的。在客观对象的发展过程中，风险可能以多种形式存在。风险在一定条件下具有可变特性，是一个动态过程。风险受多种因素影响，如损害程度和风险大小不可能完全相同，并

---

① 王玲杰. 新型城镇化的综合测度与协调推进[M]. 北京：经济管理出版社，2014.

具有根据各种影响因素动态变化的特点。

（4）风险的可预测性。风险是一种不确定性，也是客观存在的，风险是由无数客观条件与不确定性发生相互作用的结果，然而，通过大量的统计分析可以发现风险具有一定程度的必然性。正是这种必然性使风险的可预测性变得清晰。

（5）风险的相关性。换句话说，你能承受的风险越大，你得到的回报就越大，反之亦然。风险带来的盈亏是统一矛盾的，可以根据情况的变化随之变化。

（6）风险的无形性。风险是多种多样且无形的，但是可以根据已经发生的风险事件，运用系统论、概率论、模糊理论、统计学等方法进行定量和定性分析，并对风险进行预测、预防和控制。

根据多年的研究和统计分析，风险的类型主要有以下几种。

（1）按风险的可预测性，一般分为不可预测风险和可预测风险。发生概率不可预测的风险称为不可预测风险，如流行病和战争。根据经验法则，可以预见发生但结果不可预见的风险称为可预测风险，如工期和安全事故。

（2）按风险的影响范围，可分为局部风险和整体风险。影响范围相对较小的风险称为局部风险，一般来说，分析某些设备、某些位置的风险是局部风险。相对于局部范围，影响范围为整个观察范围的风险称作整体风险。

（3）按风险的来源，可分为自然风险和人为风险。由自然力作用引起的风险称为自然风险，由人类活动引起的风险称为人为风险。

2.风险管理

风险管理最初是公司的一项管理活动，其发生的原因是公司发生重大事故，造成损失。这时，公司的管理层开始认识到风险管理的重要性。随着经济、社会和科技的快速发展，企业面临的风险越来越严重，同时也为企业带来了一定的利益风险。例如，行业风险是指由于行业因素或不确定性对公司的管理目标产生负面影响的风险。管理风险是指企业在面临资源不足或环境快速变化的情况下，无法实现其管理目标的风险。风险又可分为系统风险、非系统风险、动态风险、静态风险等。风险管理部门也成为企业的一个重要职能部门，在实现企业的管理和发展目标中占有重要地位。

风险管理的主要目标是应对风险，控制风险，预防和减少损失，从而保证公司经营、社会和各项活动的顺利进行。通过风险管理，公司可以确保更高的安全性。风险管理是一项需要识别和评价风险的系统工程，包括技术、生产、安全、物流等方面的风险。风险管理不仅要求风险管理主体目标的一致性，而且要求风险管理目标能够实现的客观性。在选择方案时，不仅要对风险管理进行客观评价，而且要根据管理目标来区分风险管理的效果。

风险管理的具体目标可分为损失前目标和损失后目标。损失前的目标应满足经济合理性。在损失发生之前，风险管理者应对风险进行比较分析，对风险处理工具、安全技术等进行充分分析，使风险管理的成本最合理、最经济。预损目标的设定必须首先考虑安全系数目标。在可控范围内，风险会引起财产损失和心理上的担忧和恐慌。这会影响员工的积极性，降低公司的生产力。因此，应该提高安全意识，防范危险。其次，应该强调社会责任的目标。在进行风险管理时，也要承担相应的责任，并受相关政策、法律法规的约束。当一个风险主体遭受损失时，一系列成员也遭受损失。因此，风险管理的意义在于降低风险对成员的影响，最好是消除风险损失的潜在风险。即使你有一个好的风险管理计划，风险也不可能完全避免，所以你应该在损失之后制定风险管理目标。首要的是生存的目标，要实现这一目标，应要做好承受损失的充分准备，亏损后仍能维持正常的生产管理活动，不得因亏损而停产。在此过程中，应稳步实施计划和措施，使风险主体能够正常运作。

风险管理是运用一般管理原则对组织的资源和活动进行管理，以合理的成本尽可能减少风险损失和对环境的不利影响。风险管理是以风险为对象所进行的辨识、评估、控制的过程。风险辨识是采用感识、归纳、判别的方法对当前和潜在的风险本质属性进行识别，是风险管理的前置条件。风险评估是指通过定性分析或定量统计，或采用两者结合的方式，综合评价并确定已辨识出的风险可能带来的后果及影响程度。风险控制是选择科学的风险管理技术，通过制定合理的控制措施，降低风险发生的频率，减少风险可能造成的损失。具体的风险管理的流程如下。

（1）风险辨识。在特定系统中辨识风险因素并确定其特征的过程。风险辨识是风险管理的起点，是风险管理的重要组成部分。通过风险辨识，识别企业面临的风险，确定风险的性质，分析可能造成的损失。

（2）风险评估。它是对特定系统的风险损失程度进行定量计算的过程。在分析该过程中某些风险发生的概率时，需要分析某些风险可能造成的损失和后果。

（3）风险诊断。这是为了判断风险，确定风险是否可控，以及是否有必要采取主动行动。

（4）风险决策。这是一个基于风险评估结果，以最小的成本将系统性风险最小化的动态过程。

（5）风险监控。跟踪风险，识别现有的和剩余的风险以及可能存在的新的风险，执行响应计划，并评估对策。

第二节　相关理论基础

一、资源型地区相关理论

1.资源承载力理论

马尔萨斯首先提出资源承载力的概念，他在研究人口增长时发现环境约束是重要条件。随后，承载力被应用于生态学中以研究种群数量变化情况。之后，土地、水、森林、矿产等领域均应用了承载力概念，研究资源和经济问题。资源承载力表示一个区域资源对区域人口发展的支持能力，代表了区域的可持续发展能力。在现有技术条件约束下，资源对人类发展有有限的支撑能力，在资源开发和利用过程中，要以这种支撑能力为限，避免破坏环境，过度开发资源，使经济能够可持续发展。联合国教科文组织给出资源承载力的含义是：在可计算的时期内，维持符合当地社会的物质条件和生活水平情况下，一个区域能够一直支持的人口数量。简单地说，资源承载力就是资源能够支撑经济发展程度和快慢的能力。

煤、石油、天然气等资源是不可再生资源，储量是一定的。资源稀少并可消耗殆尽，开发和利用具有不可逆性。现代工业高速发展，产出增长依赖能源投入的方式是违背可持续发展理念的。可持续发展理念主张现在的发展应考虑到以后，不给子孙后代的发展造成影响。因此，经济发展要将资源条件纳入考虑，发展低投入、低消耗、低污染、高产出的循环经济。

资源承载力的概念复杂，自然、经济、技术等很多方面都能够影响这个量的改变。一个国家或者地区经济和社会发展的程度、快慢取决于这个地区的资源承载力。在地区社会文化物质水平条件下，如果地区的人口数量和经济发展在资源承载能力之外，生态环境不能承受，则会造成资源耗竭、生态环境被破坏，因而使经济发展更加受到资源、环境的影响，不能实现社会的可持续发展。

2.经济—环境—能源系统理论

能源（energy）、经济（economy）、环境（environment）组成3E系统，三者密切相关、互相约束构成一个系统。经济子系统是核心，能源和环境为其服务并获得所需的资本和物资；环境子系统是介质，承载经济和能源发展；能源子系统为3E系统提供物质支持，是经济和环境的动力因素。

能源、经济和环境的联系总结来说有以下三类：一是零反馈作用。经济开始发展时，主要进行手工作业，并不需要能源进行生产，手工作业也不会对环境造成污染，环境可以自己净化较少的排放，环境、能源对经济基本没有反馈作用。二是负反馈作用。经济快速发展，手工作业逐步发展到工业化，现代工业继续发展，重工业开始占主要部分。经济发展开始主要受能源的影响，而能源主要利用的是化石能源，能源消耗会排放大量固体和气体废物。另外能源利用率低，导致更多的能源消耗排放更多的污染物，造成了生态环境的严重污染。当污染超出环境自净能力时，生态平衡会遭到毁坏，并且无法恢复。能源会耗竭，过度利用也会影响子孙后代的发展。这种情况下，环境和能源对经济反馈作用为负，经济子系统受到它们的制约，能源、环境、经济的关系失去平衡，不符合可持续发展要求。三是正反馈作用。经济继续发展到一定程度后，人们会认识到环境、能源制约经济发展的情况，并且物质条件变好的同时，人们希望身边环境质量能够提高，更希望在健康舒适的环境中从事活动。同时，经济发展会带来技术的研发、技术能力的提高，经济发展不再依赖能源，而是向高技术、低投入方向转变，第三产业发展迅速，逐步成为经济结构中的主要产业。化石能源利用比例减少，主要应用清洁能源、新能源等，能源利用率得到提高。这个时期，经济活动不会对能源、环境造成不好影响，能源、环境对经济的反馈作用也会正大于负。

3.环境库兹涅茨曲线理论

20世纪50年代诺贝尔奖获得者、经济学家库兹涅茨提出了库兹涅茨曲线，用于描述收入分配是否公平。库兹涅茨曲线为倒U型，表明收入与分配的不公平现象随着经济增长先升后降。美国经济学家Grossman和Krueger收集了42个国家环境和收入的数据进行关系分析，分析得出部分污染物排放量随着经济增长也是先升后降，呈现倒U型曲线。收入水平较低时，污染物排放量随经济增长而增加；收入水平较高时，污染物排放量随经济增长而减少。1992年世界银行《世界发展报告》也对环境和收入存在的联系进行分析，更以"发展与环境"为主题，拓展了影响范围。Pannyotou在1993年将这种环境与收入关系的U型曲线定义为环境库兹涅茨曲线（environmental Kuznets curve，EKC），定义依据即为库兹涅茨的收入不公平的曲线。环境库兹涅茨曲线指出：在初期国家经济刚开始发展时，发展缓慢且程度较低，对环境造成较少的污染；但是随着经济水平的增高，环境污染越来越高，对环境的破坏程度随收入增加而严重；当经济继续发展到一定程度时，会达到一个特定的值，成为"拐点"，之后随经济发展环境污染会减少，环境开始向好的方向发展。EKC表明环境污染程度随着经济发展而增大，到一定程度后，又随着经济发展而下降，呈现倒U型。图2-1中Y表示人均收入，X表示环境质量，A点是转折点，也就是环境污染先增多后减少的拐点。

库兹涅茨曲线表示收入和环境污染的关系，下面继续分析对两者关系的影响因素有哪些。通过查阅大量文献，总结了以下主要因素：①规模效应、技术效应和结构效应。Grossman和Krueger研究指出，通过规模、技术和结构三种效应，经济可以对环境造成影响。规模效应是指污染物排放量随着经济发展规模增大而增加，从而使环境质量变差。技术效应是指经济发展导致技术的发展，技术革新和改造会提高资源利用率，同时大力利用清洁能源、新能源，发展循环经济，减少环境污染，改善环境质量。结构效应是指经济增长改变经济结构，首先以农业为主，之后以工业尤其是会带来污染的重工业发展为主，最终第三产业逐步取代工业，开始提高环境质量。分析得出，规模效应对环境质量带来危害，而技术效应和结构效应会提高环境质量。在经济快速发展时期，规模效应大于技术和结构效应，环境受到污染。当经济继续发展到某一点后，技术和结构效应大于规模效应，环境向好的方向发展。②人口因素。人口因素通过人口数量、人口构成、人口质量对经济和环境都有影响作用。人口数量的增长对经济发展有正向影响，也有负向影响（如报酬递减和资源过度消耗），人口规模扩大也会增加环境压力。人口构成主要指城市和乡村人口比例，在快速城市化的同时，工业迅速发展，推动经济发展，同时也会增加环境污染。人口质量较高时，会推动经济发展，也会减少环境污染。③经济政策。经济政策主要指环境政策和要求。随着生活水平的提高，人们对环境要求增加，希望政府加强对环境的规制，以减少环境污染，提高环境质量。与环境相关的污染、排污权交易、地区环境状况等信息更加公开、全面，地方和社区对环境的保护能力提高，政府的环境规制方法不断进步，国家对环境的管理更加完善。并且，严格的环境规制促进经济结构转变，企业由大污染转为少污染、无污染，使环境质量越来越好。[①]

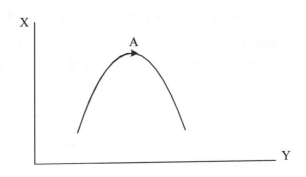

图2-1　环境库兹涅茨曲线示意图

---

① 屈燕妮. 资源型区域经济发展与环境约束[M]. 北京：经济管理出版社，2013.

二、城镇化相关理论

西方国家的城镇化进程比我国开始得要早很多，与其相比，我国对于城镇化理论的研究较晚。国外学者对城镇化的研究处于不断发展的状态。城镇化与各个学科均有联系，各学科的研究者分别从不同角度探讨了城镇化问题，并得到了丰富的理论。如研究城市规划布局的城市空间结构理论、研究城市发展模式的城市发展理论、研究城市与自然环境关系的生态学派理论、研究城乡经济发展模型的经济结构理论、研究城市阶段性规律与特征的城镇化发展阶段论、研究城市居民居住环境的城市可持续发展理论、研究城市文化融合与稳定性的社会冲突理论、研究城市发展机制的路径依赖理论、研究三大产业与城镇化水平关系的产业结构演进理论等。[1][2][3][4][5]在研究我国新型城镇化问题时我们应借鉴这些理论。本节主要介绍城镇化发展阶段理论、城市生态学派理论、公共经济学与社会保障理论。

1.城镇化发展阶段理论

（1）诺瑟姆曲线

很多研究者都致力于城镇化过程规律的研究，美国学者诺瑟姆基于大量城市发展数据的分析，得到了以其命名的诺瑟姆曲线。他认为城市化中各方面的变化是分阶段的，可以用一条平缓的S曲线来表示。诺瑟姆曲线表明城市化进程可分为初期、中期和后期三个阶段。城市化率小于30%为初期阶

---

① Fox S. Urbanization as a global historical process：Theory and evidence from sub-Saharan Africa[R]. Population and Development Review，2012（38）：285-310.

② 邓静，孟庆民. 新城市发展理论评述[J]. 城市发展研究，2001（1）：1-7.

③ 杨伟，宗跃光. 生态城市理论研究评述[J]. 生态经济，2008（5）：13-21.

④ Henderson J V. The urbanization process and economic growth：The so-what question [J]. Journal of Economic Growth，2003，8（1）：47-71.

⑤ 陈明星，叶超，周义. 城市化速度曲线及其政策启示——对诺瑟姆曲线的讨论与发展 [J]. 地理研究，2011（8）：113-124.

段，此阶段城市化水平较低，发展迟缓，主要进行的是农业发展；城市化率30%～70%时为中期阶段，工业占主导地位，国民经济中服务业比例逐渐增加，城市人口迅速增长，城市发展加速；城市化率在70%以上为稳定发展阶段，城市和乡村差距减少，城市人口比重很高，农业产量可以满足社会正常运作，服务业、科技含量较高的行业成为主要产业，城市化的发展逐渐稳定，也有逆城市化的情况出现在此阶段，如图2-2所示。[①]

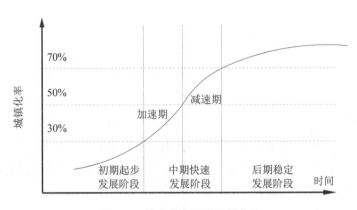

图2-2　城市化发展诺瑟姆曲线

（2）范登堡的城市化三阶段论

在《欧洲城市兴衰研究》一书中，范登堡根据农业经济到工业经济、工业经济发展到第三产业经济、第三产业经济进一步到达成熟阶段这三大经济结构转变的阶段，认为世界城镇化也是类似的。首先是代表性城镇化时期，城镇人口聚集，进程加速；其次是郊区化发展时期，城市经济稳定，城市结构随着交通的发展变化；最后是逆城市化的时期，环境污染、土地资源枯竭对城市存在构成威胁。在实际城市化过程中，这三个阶段可能交叉出现，在某一时间段内主要表现为一种形态。

城市发展理论从广义方面分析城镇化规模、布局等方面问题，对我国新

---

① 张侃侃，王兴中. 可持续城市理念下新城市主义社区规划的价值观[J]. 地理研究，2012（9）：212-219.

型城镇化的推动力、层级构建等方面有巨大的指导作用。随着城市发展理论的演进，现代城市发展理论逐渐产生，主要有城市的世界发展，信息化、知识等方面的理论研究。我国正在加快发展城镇化，所面临的挑战一方面是经济快速发展和城市人口增长，另一方面是城镇化过程中的环境保护、资源节约以及国际科技的影响。随着城市的演进，城市发展理论也不断完善，很多理论对中国的城镇发展模式、城镇布局等方面有借鉴意义。

2.城市生态学派理论

（1）霍华德的田园城市

19世纪末，霍华德在其著作《明日的田园城市》中构想了一种理想城市——田园城市，这种城市具备城市和乡村的优点，而避开了它们的缺点。城市设计的目的是在城市内能够合理安排工业及进行健康生活；城市规模的大小合理并能够满足所有社会生活；四周是乡村带；土地所有人是公众，公众自己或者托人进行社区土地管理。[①]霍华德的思想是时代性的创新，城市规划立足点从根本上改变为人民利益。

（2）沙里宁的"有机疏散"理论

美国建筑师伊利尔·沙里宁研究了城市过于聚集而造成的城市不健康发展现象，在著作《城市：它的发展、衰败与未来》中提出有机疏散理论，对城市如何发展、如何合理布局作出描述。他主张城市建设要以人为中心，关心人民是首要任务，保证为人服务的物质安排合理及人类家园舒适安全，让人们享受到良好的生活条件和健康的居住环境。将城市居民的平日起居出行等按照功能划分不同类型，根据类型进行聚集，并将聚集的地点合理安排，密切联系城市和乡村，使城市各地生活及居住条件更加舒适，也使城市的功能秩序更加稳定、工作效率更高。[②]

---

① [英]埃比尼泽·霍华德. 明日的田园城市[M]. 北京：商务印书馆，2000.
② 尹贻梅，刘志高，刘卫东. 路径依赖理论及其地方经济发展隐喻[J]. 地理研究，2012（5）：151–162.

（3）新城市主义

新城市主义提出的背景是美国一些地区郊区发展混乱，处于一种杂乱无章的情况，造成一系列问题。新城市主义的矛头直指这些问题，解决的办法是要重视城市的合理布局。新城市主义协会在1993年召开的首次会议上，对城市转变和新城市规划的思想和方法进行了深入探讨和研究。新城市主义倡导建设不同类型的、距离较短、组织结构合理的多功能居住区，通过优化重组居住格局建立完整的城市、乡镇、农村和家户单元。[1]新城市主义主张保存传统的城镇，还要求便于城市居民的城市化居住，同时兼顾人类的可持续发展。

城市化理论逐渐丰富完善，人与自然的关系也得到更多关注。为保障城市居住环境的生态友好，注重人类长远发展，越来越多的人从资源环境方面出发研究城市化，对城市化建设具有借鉴意义。城镇化生态学派理论注重以人为本，重点突出人与自然、生态环境的关系是否和谐，研究的侧重点是城市承载力和环境状况，调整城市的结构形态及规划，研究如何兼顾城市发展和自然环境保护。城镇化生态学派理论所包含的关于人类发展、城乡结合规划、城市与自然关系等多方面的理论对于处理城市和环境资源之间的关系极有参考价值，我国可以在研究城市布局、生态环境、资源压力、城镇发展路径等方面将这些理论知识合理运用到新型城镇化中。

3.公共经济学理论与社会保障理论

公共经济学主要分析政府各方面行为准则，解答政府存在的意义及政府在社会和经济发展中的作用以及对于公共事务应采取的措施。19世纪德国财税学家瓦格纳创新性地将公共经济学理论应用到城市化中。在对美国和日本为市场提供公共服务所安排的支出进行统计，并对比城市化的发展状况之后，瓦格纳认为城市拥挤现象是城市继续壮大的结果，这种情况会增加城市外部成本，若想消灭这个难题，政府就要起重要作用，发挥其主观能动性，

---

[1] Henderson J V. Urbanization and economic development [J]. Annals of Economics and Finance, 2003（4）：275-341.

大力发展城市公共部门。[①]城市化公共经济学理论指出，在城市化建设过程中，政府部门需要根据城市化率来决定资金分配、公共用品的分配等工作，决定资金消耗数量，综合分析城镇化对城市经济的影响。[②]首先，随着城市化阶段的发展，人们会逐渐不满足于目前的城市公共品和社会服务，政府需要根据城市化率的提高调整税收，改变财政手段，健全政策法规。其次，政府在优化公共服务时要重视人口监管，将城市人口限制在合理范围内。最后，城市化阶段的发展还会使人们对城市公共服务的需求增多，在数量和质量上都有很大提升，因此，政府应充分考虑城市居民的需求，使每一个城市公共事务决策都能促进城镇化的发展。

19世纪，德国最早创立了社会保障制度，并进行了社会保障方面的工作。城镇化的发展在很大程度上依赖社会保障制度。①社会保障促进经济发展。经济的增长状况，可以决定城镇化能否顺利进行。而社会保障基金在经济增长中占有重要地位。拿新加坡为例，国民储蓄率在新加坡GDP中的比重达到了42%，这样就可以在一定程度上保证工业化过程中不会缺乏资金，从而推动经济的健康发展。②社会保障有助于减少城镇化过程中的波动。社会保障对国民收入进行二次调节，可以减少居民收入差距，进而保障社会成员基本生活，保证社会和国家安定和谐。③社会保障为城镇化发展创造条件。社会保障可以降低贫困人口数量，改善人民的基本衣食住行，促进社会健康稳定地前进，健全的社会保障制度有利于城镇化发展。③城镇化的一个现象是农民转移到城市，社会保障需要在农民进城之后的生活方面发挥巨大的主观能动作用。

公共经济学理论与社会保障理论为我国新型城镇化过程中政府所应发挥的职能提供了很好的指导。政府通过正确处理公共事务以及提供良好的社会保障，可以使我国新型城镇化建设更加顺利、稳定地进行。

---

① 熊景维. 公共经济管理理论研究述评[J]. 天津行政学院学报，2011（4）：71-76.

② Zhao Min, Zhang Ying. Development and urbanization：A revisit of Chenery-Syrquin's patterns of development [J]. Ann Reg Sci, 2009, 43（4）：907-924.

③ Yuki K. Urbanization, informal sector and development [J]. Journal of Development Economics, 2007, 84（1）：76-103.

三、风险相关理论

关于风险的理论主要分为两类：一类是承认风险的客观性与普遍性，引导人类对风险给予重视与警惕；另一类主要是强调风险的可控性，研究风险的防范方法与控制技术。本节主要介绍风险社会与风险文化理论、风险的复杂自系统理论以及风险统治、规制与治理性理论。

1.风险社会与风险文化理论

风险社会理论认为，当今世界正处于现代社会的过渡与转变的关键时期，即使是发达的西方资本主义国家也不能避免这一社会发展阶段。冒进的由现代社会向后现代社会的转变，只会使社会结构内部出现断层，这一点值得所有性质的国家注意。人类自以为实现了高度文明，却不知任何冒进行为都将导致不可预知的社会风险，人类要明确认识到这种后果的严重性。这将主导每个人及社会群体的生活发展趋势，尽管有人认为这样的观点有些危言耸听，但是这种危机意识、风险的预防对于社会的进步、稳定的可持续发展意义重大。分析借鉴风险社会理论下的三个主要因素特征：一是通过对当今社会和未来社会结构的质量界定，直面现代化发展在全球化背景下的问题，着重强调高科技和社会制度对人类生存和发展产生的危机，分析目前社会发展中出现的新隐患问题并发出预警，时刻保持警醒的忧患意识。譬如文明与火山、全球风险等观点。二是通过对现代性内在特质反思，溯本清源，认清多样化的发展与可能，倡导反思的必要与紧迫，提出建设性的意见，具有社会批判性的精神。三是对现代性问题从宏观历史经验批判、反思，逐步深入到制度完善和文化建设中，充分发挥社会政治效能，通过深化改革和全球合作，调动个体政治意识，积极承担社会责任，加强政治对财富、科技发展的指引，形成现实有效的实际运作。①

风险文化理论从理性认识方面对现代化进行比较，着重于确定风险应由

---

① 李谧，唐伟. 当代风险社会理论研究述评[J]. 北京行政学院学报，2009（6）：51-67.

谁承担责任,而不是风险自身。由于社会中个体的复杂性,界定和规避风险非常困难,因而研究应该围绕在本质上与风险相联系的一系列社会发展中存在的现实问题。不同地位、层级的人对待风险的态度以及他们的风险可承受能力都不尽相同,但共同之处在于人们都在寻求一种新的生存方式来适应当前社会发展阶段的风险环境。

在全球新态势下,风险社会理论对于我国借鉴西方历史经验,避免陷阱,构建完善的现代化发展总体战略具有一定的意义。风险文化理论对于个体所应具备的风险意识有一定的启发作用。

2.风险的复杂自系统理论

风险的复杂自系统理论是在现代性理论结构体系范畴内针对风险而展开的研究。代表者卢曼提出的"复杂性自我指涉系统理论",在继承帕森斯的结构功能论的基础上,结合胡塞尔的现象学,并以两者为核心,分析现代社会结构性复杂与功能差异化特征,从而构成自我指涉的子系统,并由子系统逐渐衍生出社会结构,最终衍生出一个多功能的分化的社会形态。"自我指涉"的含义是自我循环再生,即通过一部分系统自身关系要素产生另一部分关系要素,同时在系统开放性和抗干扰性的特质下,对自我的组织进行调整、循环再生,从而形成秩序。①

风险的复杂自系统性对于认清资源型地区作为一个系统的个体自身所存在的风险、新型城镇化作为系统的过程所存在的风险以及各自风险的复杂性具有很好的警示意义。

3.风险统治、规制与治理性理论

风险统治理论主要讨论的是在主观的社会生活构建中,如何运行各类与人相关的专业风险训练、规章制度和组织机构。"统治"长久以来被人们定

---

① Joost van Loon. Virtual risks in an age of cybernetic reproduction[C]// Barbara Adam, Ulrich Beck, Jost Van Loon. The risk society and beyond: Critical issues for social theory. London: Sage, 2000: 165-182.

义为对国家或社会的控制。风险和权力互相依赖联系，在权力下可以认为所有事物表象都是风险，也可以认为"零风险"，因此，权力对于风险的存在有直接的影响。福柯指出所有政府部门出台的规章制度、政策法规都是为构建风险而设，风险依赖于规章制度和组织结构而生，风险和规章制度、政策法规同时存在，缺少任何一方，另一方则不存在或者说没有存在的意义。[①]

风险规制理论是指在当今社会形势下，风险是社会的重要属性，避免风险是我们的主要目的。不同类型的风险需要不同的具体限制政策和方法，所以风险规制理论需要与实际问题结合起来分析。在政府管理的范畴内，应该重视从实际出发，分析解决问题，完善风险管理办法和机理，实现更有效地避免风险的目的。[②]

福柯认为风险的分析、控制主要归结为政治和管理两个方面，这就是著名的福柯风险"治理"理论。他认为掌握知识才能更好地驾驭权力。在现代性的理性计划启蒙运动下，福柯明确反对现代性与人的发展和解放相联系，在研究现代监狱制度产生的历史中，他深刻地指出，现代性只是一种新的统治方式，衍生一系列事物如理性主体、客观知识等，这是在一定历史环境下社会权力的果实。后来的艾瓦尔德对福柯治理理论的核心思想进行了本质上的揭示，他认为福柯想要说明的是权力和知识的相互作用在社会发展过程中的体现。福柯的风险治理理论在现代社会发展过程中起到了承上启下的关键作用，人类在治理国家及个人在发展的过程中，充分认识到了知识的力量，以及如何使知识和权力共同发挥治理作用，它要求无论是国家和个人，都必须有风险理性判断。[③]

风险的统治、规制与治理性理论都是在承认风险客观存在的基础上，主张通过权力与知识的合理利用进行风险的规避，对于在新型城镇化过程中树立风险意识、选择与运用风险管理方法和技术具有一定的指导意义。

[①] Ruth Levitas. Discourses of risk and utopia[C]// Barbara Adam，Ulrich Beck，Jost Van Loon. The risk society and beyond：Critical issues for social theory. London：Sage，2000：198–210.

[②] 叶成徽. 国外风险管理理论的演化特征探讨[J]. 广西财经学院学报，2014（3）：16–23.

[③] 王京京. 国外社会风险理论研究的进展及启示[J]. 国外理论动态，2014（9）：212–223.

第三节 风险分析与评价方法

一、博弈论

1.博弈的原理

博弈论又称对策论，是运筹学的重要组成部分，也是现代数学的分支。博弈论所研究的对象小到生活中的象棋、桥牌中的胜负问题，大到社会生活中的各种交易、国家之间的竞争与斗争，均涉及由对方选择的可能来决定自己的对策。博弈论的产生也正是来源于这种智力之间的较量。博弈论就是用数学模型进行规范的描述，对问题进行数学分析。博弈论的基本数学概念和分析工具首先由冯·诺依曼和摩根斯坦提出，宣告了博弈论的诞生。

博弈论的研究是博弈参与者（利益相对方）之间在利益互相制约条件下进行策略选择的行为及由此产生的博弈效应。John C. Harsanyi认为博弈论是博弈策略之间作用的理论，以博弈参与者之间互相判断对方的反应为基础。Robert Aurmann教授认为，它是博弈参与者互相判断决策的理论，并且每一个决策都能影响自身和其他参与者，通过这种迭代考虑决策，选择最有利于自己的战略。还有一些其他定义，它们均强调策略之间的相互影响，即策略相关性。[①]

决策理性人的假设可以作为博弈论的基础出发点，在其对应的数学模型中体现为效用最大化模型。由此可知，在博弈相对方的关系中，各个行为主体都会选择对自己有利的方案，因为决策相对方的利益关系是此消彼长的关系，所以在决策时也存在相互关联的利益连接点。对于各方是否能够妥协达成某种具有强制力的协议，博弈体系可分为两个领域，即合作博弈和非合作博弈。

---

① 张维迎. 博弈论与信息经济学[M]. 北京：格致出版社，2012：1-7.

　　合作博弈模型中决策主体不是根据自己的利益来决定选择，而是假设达成某种协议，并且这种协议被假设为能够得以强制执行，通过计算合作收益进行最大化的利益分配。可见，合作博弈的核心是利益分配，而这种利益分配是建立在被无条件执行的协议的基础之上。

　　非合作博弈模型中决策主体选择策略的唯一依据是自己期望的效用。若决策主体的行为是不符合其自身利益的或者是违背决策主体意愿的，则选择此行为的策略是不可信的。因此，非合作博弈模型的根本问题是利益选择。也就是说，非合作博弈是在利益关系为此消彼长的情形下，各个行为方决策时会选择对自己最有利、最符合自己期望的策略。此类情况在现实中是普遍存在的，因此，非合作博弈模型是博弈论研究比较多的领域。

2.博弈的分类

（1）完全信息静态博弈

　　此博弈类型是指各决策方对于信息的获知是充分的，信息是完全公开的，不存在私人信息且需要同时完成一次博弈，是最基本的博弈形式。在完全信息静态博弈条件下，同一时间内每个参与人的策略是对其他参与人策略的最优反应即为纳什均衡。假设博弈参与者对最优策略达成共识且完全理性，即可通过纳什均衡预测参与者行为。

（2）完全信息动态博弈

　　博弈参与者的策略行为需要多次进行，称为动态博弈，它指的是博弈方对利益相对者的情况和策略以及由此获得的收益情况完全了解，各方的策略选择是有先后顺序的，即后行动方可以参照之前的行动方的行动再决定如何行动。这种情况下，无论是先动者还是后动者，都会预测他人的行为对自身的影响，同时也会预测自身行为对他人的影响。在博弈参与者每次的博弈行为都需要考虑当时的行为对后续博弈造成的影响时，就必须引入子博弈的概念。假设在一个博弈中包括全部子博弈均达到纳什均衡，那么这种均衡被称为子博弈完美纳什均衡。以博弈结局为起点，逐层递推出前一子博弈的最佳选择，运用逆向归纳法，即可找出子博弈模型中的均衡点。

（3）不完全信息静态博弈

　　此类博弈模型是指至少有一个博弈参与者不完全了解另一博弈参与者的

全部信息，但可以推断出每种类型出现的概率。策略选择演变为不知博弈参与者类型但知道概率的选择。博弈者的最优选择是能够使博弈效应最优的最大可能，由此过程形成的均衡称为贝叶斯均衡。

（4）不完全信息动态博弈

在动态博弈中，至少某个博弈参与者不完全了解另一博弈决策方的全部可供决策选择的信息，这类博弈模型即为不完全信息动态博弈。在这种类型中，博弈相对方在每个子博弈都需要分析其他博弈参与者最新的信息分布，利用贝叶斯法则进行行动选择，这种形式是博弈中最为复杂的。由此形成的均衡称之为精炼贝叶斯均衡。

二、粗糙集理论

粗糙集理论的基本原理是：只需要对研究问题所涉及的数据集合进行分析处理，不需要其他的历史经验和资料，所以当研究问题具有不确定性时，粗糙集的分析和使用更具有客观性。这样的一种数据分析理论最早在1982年被提出，提出者是波兰数学家Z .Pawlak教授，他主要的核心观点在于，当信息系统的分类能力固定的情况下，通过对知识信息进行约简，实现对研究问题的类别判断和决策分析。[①]粗糙集理论中的知识信息，由研究人员所意向的研究领域中不同类别模式构成，它是实际信息的反映，同时也具备由实际信息导出模糊信息的推导能力。

粗糙集理论中，在边界域两侧有两个集合：上近似、下近似，如图2-3所示，根据这两个集合的概念来分析归纳出一个粗糙集。隶属函数的获得是通过已存在的类别知识信息，这能够较准确地展现出隶属关系的不确定性，隶属关系是指各元素与集合间的关系，在图2-3中可直接体现出来。

---

① 陈永民，俞国燕. 粗糙集理论在多指标综合评价中的应用研究[J]. 现代制造工程，2005（S1）：4-7.

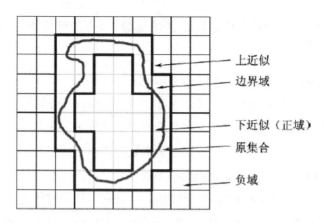

上近似

边界域

下近似（正域）

原集合

负域

图2-3 上近似集和下近似集

粗糙集理论是通过知识信息显示系统实现推导的，知识信息显示系统的内涵如下。

定义1 设 $S=(U,A,V,f)$ 的四元素组合为一个知识信息显示系统。其中，论域为研究对象的非空集、有限元素的集合，$U=x_1,x_2,\cdots,x_n$，性质的非空集、有限元素集合为 $A=C\cup D$，$C\cap D=\varnothing$，我们称 C 为条件性质集合，D 为决策性质集合；$V=YV(\alpha\in A)$ 是性质值的集合，V_α 为 $\alpha\in A$ 的性质取值空间，也称作性质 α 的值域，$f:U\times A\to V$ 代表某个信息函数，它规定 U 中任一研究对象 x 的性质值。知识信息显示系统通常可以用 $S=(U,A)$ 表示。

定义2 任意某个性质的子集 $P\in A$ 控制某个包含两种元素的无法区分关系 $ind(P):ind(P)=\left\{(x,y)\in U\times U\middle|V_\alpha\in P,f(x,\alpha)=f(y,\alpha)\right\}$，$ind(P)$ 是在论域 U 上的等价关系，$P\in A$ 是对 U 的一种划分，体现为 $\{U|ind(P)\}$，其中的每一个元素都是等价类，知识信息显示系统 (U,A,V,f) 可以简单称作知识A。

定义3 假设有系统 $S=(U,A,V,f)$，$P\in A$，$\{U|ind(P)\}=\{x_1,x_2,\cdots,x_n\}$，则知识P的信息量由如下公式表达：

$$I(P)=\sum_{i=1}^{n}\frac{X_i}{U}\left[1-\frac{X_i}{|U|}\right]=1-\frac{1}{U^2}\sum_{i=1}^{n}|X_i|^2 \qquad (2.1)$$

式（2.1）中，$|X|$ 看作是集合 X 的底数；$\dfrac{X_i}{|U|}$ 为等价类 X_i 在论域 U 中的可能性概率。

由上述定义3可知，当思考信息系统分类问题时，可以从不一样的性质方面出发，一样的类别划分使不一样的性质具备了一样的信息含量。相反，如果两种性质的信息含量一样，对系统的类别划分也肯定是一样的。也就是说，当添加某种性质时，会对系统的类别划分产生直接的影响，但当删除某种性质时，可能不会改变系统原来的类别划分。所以，在评价问题中，会形成决策表，在删除决策表中的某个性质后，观察系统的整体类别划分是否发生变动，若几乎没有变动，表明该性质的重要程度弱；反之，则说明性质的重要程度强。对于重要程度有如下的定义：

定义4　假设有系统 $S=(U,A,V,f)$，性质 $\alpha \in A$ 在 A 中的重要程度为：

$$Sig_{A-(\alpha)}(\alpha)=I(A)-I(A-\{\alpha\}) \tag{2.2}$$

在系统 A 中，删除性质 α 后，用产生的信息系统变化大小来衡量 α 的重要程度。

定义5　假设有系统 $S=(U,A,V,f)$，那么性质 $\alpha_i \in A\{\alpha_1,\alpha_2,\cdots,\alpha_n\}$ 的权重计算公式为：

$$w_i=\frac{Sig_{A-(\alpha_i)}(\alpha_i)}{\sum_{j-1}^{n}Sig_{A-(\alpha_j)}(\alpha_j)}=\frac{I(A)-I(A-\{\alpha_i\})}{nI(A)-\sum_{j=1}^{n}I(A-\{\alpha_i\})} \tag{2.3}$$

与层次分析法（AHP）、德尔菲法等由专家主观经验确定权重的方法相比，粗糙集权重更具客观性，因为它是根据实测数据本身，对其包含信息进行挖掘，发现对象间存在的规律，得到较准确的重要性程度，从而有利于提升评价结果的合理可靠性。[1]

---

[1] 陈永民，俞国燕. 粗糙集理论在多指标综合评价中的应用研究[J]. 现代制造工程，2005（S1）：4–7.

三、未确知测度

未确知性的研究最早是由王光远院士提出的，之后由刘开第、吴和琴等对其发展完善，既对未确知信息的描述和分析做了进一步研究，同时也建立了未确知数学理论。当前，在未确知数学领域，不断有新的成果出现，它的相关理论和方法也涉及许多学术领域，受到了学者们的广泛认可。

1.未确知集合

未确知集合与Cantor 集合、Fuzzy 集合及灰色集合类似，是对它们的继承和发展。

若 $a \geq 0, a \leq b \leq 1$，则把 $\{[a,b], F(x)\}$ 称作非负且小于或等于1的未确知数，所有未确知数构成的集合，记作 $I_{[0,1]}$，即

$$I_{[0,1]} = \left\{ \{[a,b], F(x), a \geq 0, a \leq b \leq 1\} \right\} \qquad (2.4)$$

论域 U 上具有未确知子集，我们称之为 N，它是由一个隶属函数 $\mu: U \to I_{[0,1]}, u \to \mu(u) \in I_{[0,1]}, u \in U$ 表示，U 中的任一元素 u 与集合 $I_{[0,1]}$ 中的任一未确知数通过隶属函数连接起来，$\mu(u)$ 是 u 对于 N 的隶属度，$N_{\mu(u)}$ 则为 $\mu(u)$ 作为隶属度的未确知集合。

2.未确知测度

（1）可测空间

假设 U 为论域，F 为 U 上的性质空间，E 为 F 上的 σ 代数，则称 (F, E) 为可测空间；$F_i \in F, i = 1,2,3\cdots$，并且满足：

$$F \bigcap F = \varnothing, i = j \qquad (2.5)$$

$$\bigcup_{i=1} F_i = F \qquad (2.6)$$

则称 $\{F_1, F_2, F_3, \cdots\}$ 是 F 的一种划分。令

$$E = \left\{ E_i \middle| E_i = \bigcup_{j=1}^{i} F_j, F_j \in \left\{ \varphi, F_1, F_2, \cdots, F_k \right\}, 1 \leqslant i \leqslant k \right\} \qquad (2.7)$$

则称E为F上的σ代数。

（2）未确知测度

设U为论域，(F, E)为U上的可测空间，对任意$u \in U$，$A \in E$，都具有映射u，令$\mu_A(u)$满足：

$$0 \leqslant \mu_A(u) \leqslant 1, \forall u \in U, A \in E \qquad (2.8)$$

$$\mu_F(U) = 1 \qquad (2.9)$$

$$\mu_{\bigcup_i A_i}(u) = \sum_i \mu_{A_i}(u), A_i \in E, A_i \bigcap A_j = \varphi(i \neq j) \qquad (2.10)$$

在可测空间(F, E)上，我们把$\mu_A(u)$称作未确知测度。

如式（2.8）、式（2.9）、式（2.10）可得，未确知测度需要满足三条测度标准，即非负、可加、归一。未确知测度是对"程度"的一种衡量，实际上是u具有A_i特性的情况在决策者心中的大概比例分配，具有主观性特点，所以在测度前加以"未确知"。

假设U为论域，F为U上的性质空间，E为F上的σ代数，$\mu_A(u)$为U关于A的未确知测度，则把(U, E, μ)称作未确知测度空间。当$A \in E$固定时，以$\mu_A(u)$为隶属度函数，在U上可得出一个不确定性集合$\tilde{A}$，称$\tilde{A}$为U上关于特征A的未确知子集。

值得注意的是，A与$\tilde{A}$并不一样，$A \in E$是已经明确的特征集合；$\tilde{A}$表示论域U上关于特征A的未确知子集，$\tilde{A}$的组成元素都在U中，并且隶属度$\mu_A(u)$属于$\tilde{A}$。

（3）单指标未确知测度

当评价某一对象时，已知的全部待评要素集合构成了评价空间，记为X。设$x_1, x_2, \cdots, x_n$是评价空间中的全部要素，则评价空间X有：

$$X = (x_1, x_2, \cdots, x_n) \qquad (2.11)$$

当某一待评要素需要m个指标进行测量时，则有$I = \{I_1, I_2, \cdots, I_m\}$，称之为指标空间，$x_{ij}$被认为是第$i$个待评要素关于第$j$个指标的实测值，所以，可以把$x_i$看作一个$m$维向量：

$$x_i = \left(x_{i1}, x_{i2}, \cdots, x_{im} \right) \tag{2.12}$$

对x_{ij}有P个评价层级$c_1, c_2, \cdots, c_p$，评价层级空间记为C，则：

$$C = \left\{ c_1, c_2, \cdots, c_p \right\} \tag{2.13}$$

用c_k表示第k个评语等级，若c_k比c_{k+1}"高"，记为$c_k > c_{k+1}(k = 1, 2, \cdots, p-1)$，则称$\left\{ c_1, c_2, \cdots, c_p \right\}$为评价层级空间$C$上的一个有序划分。

设$\mu_{ijk} = \mu\left(x_{ij} \in c_k \right)$表示实测值$x_{ij}$属于第$c_k$评价层级的程度，$\mu$必须满足前文提到的测度三条标准：非负、归一、可加。

根据未确知测度的含义，来构建单指标测度函数$\mu\left(x_{ij} \in c_k \right)$，$(i = 1, 2, \cdots, n; j = 1, 2, \cdots, m; k = 1, 2, \cdots, p)$，将某一待评要素$x_i$的指标测度值$\mu_{ijk}$组成的矩阵称作单指标测度矩阵，如下所示：

$$\left(\mu_{ijk} \right)_{m \times p} = \begin{bmatrix} \mu_{i11} & \mu_{i12} & \cdots & \mu_{i1p} \\ \mu_{i21} & \mu_{i22} & \cdots & \mu_{i2p} \\ \vdots & \vdots & \vdots & \vdots \\ \mu_{im1} & \mu_{im2} & \cdots & \mu_{imp} \end{bmatrix} \tag{2.14}$$

（4）多指标综合测度

设w_j表示评价指标I_j与其他指标进行比较，其重要程度如何，并满足条件：

$$0 \leqslant w_j \leqslant 1 \qquad \sum_{j=1}^{m} w_j = 1 \tag{2.15}$$

那么则称w_j为评价指标（$1, 2, \cdots, m$）的权重系数。

若具有μ_{ik}，并且满足：

$$0 \leqslant \mu_{ik} \leqslant 1 \qquad \mu_{ik} = \sum_{j=1}^{m} w_j \mu_{ijk} \tag{2.16}$$

则 μ_{ik} 是综合未确知测度，称下列矩阵：

$$\left(\mu_{ik}\right)_{n\times p}=\begin{bmatrix} \mu_{11} & \mu_{12} & \cdots & \mu_{1p} \\ \mu_{21} & \mu_{22} & \cdots & \mu_{2p} \\ \vdots & \vdots & \vdots & \vdots \\ \mu_{n1} & \mu_{n2} & \cdots & \mu_{np} \end{bmatrix} \tag{2.17}$$

为多指标综合评价矩阵。

若 $\mu_k=\mu\left(x_{ik}\in c\right)$ 为某一待评要素 x_i 属于第 k 等级的程度，则有：

$$\mu_k=\sum_{i=1}^{n}w_i\mu_{ik}\left(k=1,2,\cdots,p\right) \tag{2.18}$$

显然可见，$0\leqslant\mu_k\leqslant1$，$\sum_{k=1}^{p}\mu_k=1$，所以 μ_k 是符合准则的未确知测度，我们也称向量 $\mu_k=\left(\mu_1,\mu_2,\cdots,\mu_p\right)$ 为多指标综合测度评价向量。

四、Borda序值法

法国数学家Jean Charles de Borda 为了解决选举中的投票问题，而提出Borda序值法，其主要观点是：在选举投票过程中，既要体现出选举人对哪些被选举人有看好的意向，也应对这些被选举人进行排序。[1]简言之，选举人通过投票的方式，表现出对所意向的被选举人的优先顺序。随后，SEC将Borda序值法引入风险矩阵中，主要为了处理风险问题，关键是要解决有关决策的风险排序问题。在风险层级比对表中，单个或数个风险模块可能对应一个风险层级，但是它们的重要性并不相同，若想知道哪类风险模块是风险中最重要的，就需要对其重要性排序。Borda序值法的工作原理如下：

假如风险的总数是 N，i 被认为是一个固定风险，k 是确定的标准，在最初的风险矩阵中，仅包括 $k=1$，$k=2$ 两个标准，前者表示对风险产生一定影响

---

① 闫博. 基于Borda数分析的我国商业银行竞争力研究[D]. 天津：天津大学，2004.

的标准，后者表示风险发生的可能性的标准，r_{ik} 所指的是固定风险i在已知标准k下的风险层级（以风险i为参照，在标准k下，比i影响程度大或者是发生可能性大的所有因素和为风险级），计算风险i的风险数，公式如下：

$$b_i = \sum_{z=1}^{2} \left(N - R_{iz} \right) \qquad (2.19)$$

在风险层级表中，如果$i=1$对应其中的某行某列，设一共有5个风险影响因素，当$k=1$时，比影响程度大的因素总计有 a ，可得r_{11}；当$k=2$时，比i发生可能性大的因素总计有b个，可得 $r_{12} = b$ ，所以 $b_1 = \left(5-a\right) + \left(5-b\right)$ 。假设这5个风险影响因素的Borda 数分别是：4、9、10、8、10，可以看出，比风险1 Borda 数4大的元素有4个，所以它的Borda序值为4。以此类推，得到5个风险的Borda序值分别是：4、2、0、3、0。显然，风险3和风险5的序值数为0，意味着这两项风险是最重要的风险，应重点关注与控制。Borda序值法根据影响程度和发生可能性的综合影响，利用风险矩阵，可以得到风险较大的模块，从而对关键风险的防控提供指导。

第四节　本章小结

本章作为整本书的理论基础部分，分别界定了资源与资源型地区、城镇化与新型城镇化、风险与风险管理等的基本概念。系统地介绍了资源型地区、城镇化、风险等相关理论。通过对各研究对象相关理论的归纳与总结，证实了三个问题交叉研究的必要性与可行性，并为接下来的章节内容提供了理论支撑。对本书拟采用的风险分析与风险评价方法做了理论性介绍，包括博弈论、粗糙集理论、未确知测度、Borda序值法等。

第三章　资源型地区新型城镇化风险分析

　　本章分别从系统耦合、利益相关者博弈和动力机制三个角度分析了资源型地区新型城镇化过程中的风险发生机制：将资源型地区新型城镇化看成一个耦合系统，建立系统耦合模型，分析系统耦合演化过程，模拟系统耦合风险产生过程；对政策执行力、财权与事权分配、基础设施融资分担以及生态保护四个资源型地区新型城镇化过程中的典型问题进行利益相关者博弈，分析博弈过程中可能存在的风险；对资源型地区新型城镇化动力机制进行分析，发现动力机制中潜在的功能障碍。

第一节　资源型地区新型城镇化系统耦合风险分析

一、系统与耦合的概念

1.系统

系统是广泛用于物理学、生理学、哲学等多学科的概念。一般来说，系统至少由两个要素构成，要素之间相互联系、彼此作用，共同组成一个有机整体。一个系统的构成一般需要有以下几个前提：①一个系统至少由两个影响因素构成，各影响因素之间具有一定的差异性，以保证系统内部的多样化；②影响因素之间相互联系，具有一定的关联性，各影响因素既相互作用，又存在制约，共同促进着系统内部机制的演化；③系统内各影响因素之间的相互作用机制遵循着某种特定的规则，这种规则既是对影响因素的一种约束，同时又有助于系统整体目标功能的实现；④系统内单个影响因素作用力的发挥效果有限，只有各影响因素共同作用，才能实现系统的整体功能。

系统的特点：①有界性。系统存在边界，并通过边界区分系统内外。②层次性。系统可能是某个更大系统的一部分，也可能本身是一个大系统，包含着多个子系统。③有序性。构成系统的影响因素相互联系，在数量上存在着某种比例关系，并以某种特定的顺序进行排列。④整合性。由各影响因素构成的系统不仅具有各影响因素的独立功能，通过有效的整合，更能产生单个影响因素所没有的功能，实现"1+1>2"的效果。

系统的分类：从系统内影响因素的运动形式与组合方式来说，可以将系统分为动态系统与静态系统；从研究主体认识世界的角度，可以将系统区分为意识系统与物质系统；从行为主体作用于系统的影响程度来看，可以划分为人工系统与天然系统。对系统的分类有助于人们对系统的认识，以及对系统演化规律的探索。

2.耦合

耦合的实质是一种能量传输，是物理学中的一个概念，体现某种结构中各子模块相互连接的一个量度。耦合强弱主要决定于各模块连接的复杂程度，耦合度越高，说明模块之间的共同之处越多，相互之间的依赖度也越高；耦合度越低，说明模块之间的共同之处越少，相互之间的依赖度就越低。耦合的概念后来被引申为表示两个或多个物体相互之间对对方的依赖度，并广泛用于生物学、经济学与社会学等学科。

资源型地区与新型城镇化两个系统中，都有着各自的影响因素与评价指标，通过各自系统内的影响因素也会相互联系彼此作用，具有一定的耦合特征，因此可以对两个系统进行耦合分析。

二、资源型地区新型城镇化系统耦合模型

资源型地区系统包含了经济增长、社会发展、资源禀赋、生态环境、人口状况等相互影响、相互制约的关键要素。新型城镇化系统由城镇化水平、基础设施、基本公共服务、城镇管理、制度政策、资源环境等关键要素构成。两个系统各关键要素之间存在着彼此交叉、相互作用的耦合关系，据此本书构建了资源型地区新型城镇化系统耦合模型，如图3-1所示。

资源型地区系统$C=(c_1, c_2, \cdots c_i)$，新型城镇化系统$Q=(q_1, q_2, \cdots q_i)$，资源型地区新型城镇化耦合系统$U=\{C, Q\}=\{(c_1, c_2, \cdots c_i), (q_1, q_2, \cdots q_i)\}$。

资源型地区新型城镇化耦合系统一方面通过自然要素与人文要素的耦合，实现人地关系、人与资源关系的合理配置；另一方面通过人文规律与自然规律的耦合，实现人与生态关系、人与社会关系的友好和谐。

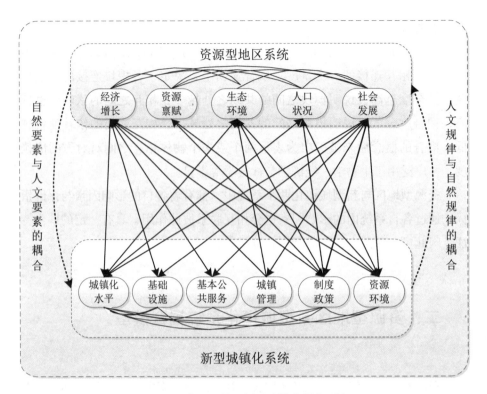

图3-1　资源型地区新型城镇化耦合系统

三、资源型地区新型城镇化系统耦合演化过程

资源型地区新型城镇化系统耦合是一个循序渐进、由低水平向高水平的变化过程。按照耦合程度与发展水平，可以分为低水平耦合阶段、拮抗耦合阶段、磨合耦合阶段、优化耦合阶段、高水平协调阶段。

第一个阶段是低水平耦合阶段。在此阶段，资源型地区城镇化水平处于初期，发展生产是地区的首要任务，对于居民生活条件的改善并不重视，基础设施建设主要是为了满足资源型企业的生产需要，居民生活水平普遍较低，重生产轻生活的发展顺序导致系统整体呈现稳定的低水平状态。

第二个阶段是拮抗耦合阶段。随着资源的不断勘探与开发，资源型地区吸引了越来越多的人力资源与生产技术。地区人口规模与生产效率的提升，使得资源型地区系统开始加速发展，资源型地区内以及地区之间的生产要素、信息等开始频繁地交流，工业化进入加速阶段，劳动力、资金、技术等产业要素快速向资源型地区集聚，城镇聚落范围不断扩大，资源型地区系统压力明显增大，资源型地区系统与城镇化系统之间产生互相拮抗效应，资源型地区承载力对城镇化系统的响应程度加速。

第三个阶段是磨合耦合阶段。快速工业化的强度不断透支着资源型地区系统，当工业化进入中末期，城镇化系统也随之发展到一定水平并达到瓶颈期，资源型地区系统与城镇化系统间的矛盾不断交替，工业生产与居民生活之间的矛盾时而尖锐、时而缓和，反复波动成了磨合耦合阶段的显著特征。

第四个阶段是优化耦合阶段。通过上一阶段的反复磨合，城镇化系统对资源型地区系统产生了积极响应与反馈，以资源型地区新型城镇化的协调发展替代了传统粗放的工业化模式。资源型地区主体主导实施"新型工业化"，推动产业结构优化升级、设定资源型地区开发边界、将生态恢复与环境保护放在优先地位等积极响应活动，资源型地区承载力开始得到提升，人类与生态的矛盾逐渐缓解，资源型地区新型城镇化系统优化耦合的趋势特性日益显现。

第五个阶段是高水平耦合阶段。在新型城镇化系统优化升级的影响下，资源型地区系统不断响应并逐渐恢复良性自我修复规律，对新型城镇化系统承载力提高，人类发展与生态环境形成了良性互动，实现了资源型地区新型城镇化系统协调耦合（图3-2）。

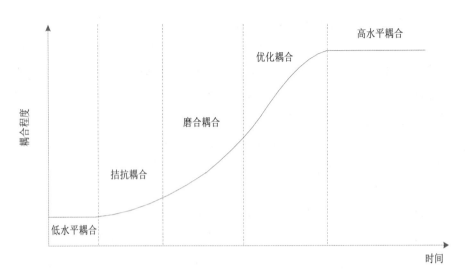

图3-2　资源型地区新型城镇化系统耦合演化过程

四、资源型地区新型城镇化系统耦合风险分析

资源型企业的集聚，资源产业链的发展，资源型地区新型城镇化耦合效应的形成，共同促进了资源型地区城镇化水平的提高。但资源型地区新型城镇化建设并不是一帆风顺的，在资源型地区新型城镇化过程中，存在着内外部两类风险：一类是资源型地区系统内风险，这类风险是资源型地区发展的先天风险，即由资源型产业生命周期所制约的产业结构性风险；另一类是来自资源型地区系统外的风险，主要是资源型地区与区域和环境形成的网络结构化风险。

按照资源型地区新型城镇化的正常发展规律，资源型地区通过在要素流动机制和对新政策的不断响应机制的作用下，降低资源型地区发展的无序性。在没有新的有效政策的影响下，资源型地区可能保持在经济与社会发展的原始渐进积累线上，即系统结构没有大的变化。如果有新的外部环境或政策的影响，资源型地区的原有系统结构不再稳定，地区将从初始状态过渡到快速发展阶段。

在快速发展阶段，资源型地区新型城镇化系统开始出现剧烈变化，资源型地区经济、社会快速发展，新型城镇化水平不断提高，地区优势不断涌现，资源型地区形成独特的新型城镇化优势。随着新型城镇化水平逐步稳定，资源型地区的城镇化创新速度和整体发展开始逐步放缓，并开始一个新的稳定期。随后，资源型地区新型城镇化系统进入系统内部风险点的启动状态，即系统可能在产业结构风险点丧失系统结构的稳定性。

在失稳点，资源型地区新型城镇化建设有两条路径可以选择：一种是保持原有的发展方式，陷入衰退，成为枯竭型资源地区；另一种是通过利用新的环境与政策适时作出转型与改革，实现风险规避，形成新的稳定结构。然而在度过系统内产业结构风险后，资源型地区新型城镇化建设还面临着系统外风险的威胁，而且这种危机很可能出现蝴蝶效应，给整个资源型地区带来严重危机（图3-3）。

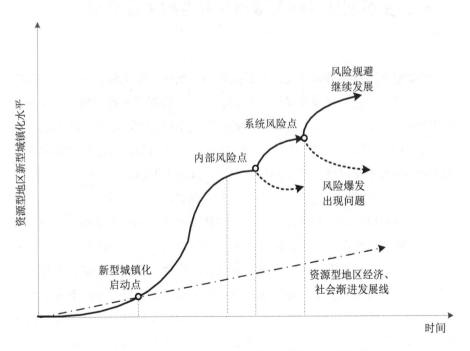

图3-3　资源型地区新型城镇化系统耦合风险示意图

可见，资源型地区新型城镇化建设周期并非简单地与资源型产业、资源产品的生命周期完全等同，而是会受到系统内多种影响因素的耦合作用，并且各种结局均可能发生。只有把握关键性的政策环境等战略要素，清除影响稳定结构的障碍因子，建立风险防范机制，才可以使资源型地区在新型城镇化建设过程中持续动态调整，不断向前发展。

第二节　资源型地区新型城镇化利益相关者博弈风险分析

一、资源型地区新型城镇化利益相关者分析

资源型地区新型城镇化建设不是简单的一次性拆建工程，而是一个复杂且长期的过程，它不仅涉及经济、社会、生态、管理等各种领域，而且还牵扯到政府、企业、居民等各方面的利益。作为不同的利益主体，政府、企业与居民分别以城镇化建设、利润增加、生活改善为目标，在新型城镇化建设过程中保持着相互促进又彼此制约的关系，如图3-4所示。

政府作为新型城镇化建设的主导力量，在基础设施建设、提供公共产品与服务等方面担负着重要责任与义务，因此需要雄厚的财力支撑。中央政府作为新型城镇化建设顶层设计的提供者，将具体实施工作以委托的方式下放至地方政府，地方政府作为中央政府在地方的代理人，在新型城镇化建设过程中既可能努力实施，也可能敷衍了事。中央政府以转移支付的形式给予地方政府财力支持，此时，中央政府既想尽量少地给予转移支付，又希望地方政府可以尽量多地承担新型城镇化建设的责任。而地方政府一方面希望中央政府尽可能多地提供财力支撑，另一方面又希望少承担具体实施事务。

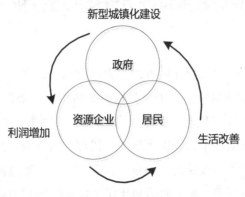

图3-4　利益相关者分析

除了政府，资源型企业在新型城镇化过程中也充当着重要角色。在资源型地区，由于历史原因，"企业办社会"的现象长期存在，虽然经过一系列改革，资源型企业办社会的负担逐渐减轻，但在某些领域，尤其是在基础设施改造与建设方面仍然发挥着重要作用，例如矿区棚户区改造。政府与企业作为不同的利益主体，均希望对方能够承担更多的建设投资份额，并因此而进行大量的谈判。

新型城镇化的一个显著特征是绿色、生态、环境友好，这就涉及资源型地区的污染治理问题。对环境污染的治理关系到资源型企业的治理成本、居民的公共福利、政府的监管成本三个方面的利益。居民作为各利益主体中最为被动的一方，缺少表达利益诉求的途径，大多数时候只是在利益受损时才会想到投诉，因此如何在污染治理问题上使得三方总体收益最大化成了博弈的重点，也是生态破坏与环境污染问题能不能得到解决的风险点。

根据上述利益相关者分析，本书拟将政府、资源型企业、居民作为博弈参与者，分别以资源型地区新型城镇化过程中地方政府政策执行力、中央政府与地方政府之间财权与事权分配、政府与资源型企业之间基础设施建设融资分担比例、政府—资源型企业—居民三者之间生态保护四个关键问题作为代表进行动态博弈分析，目的在于探讨在各种博弈过程中可能产生的风险。

二、地方政府政策执行力博弈风险分析

地方政府作为中央政府在地方的权力执行机关，在一定程度上担任着中央政府"代理人"的身份，而中央政府就是所谓的"委托人"，因而他们之间的关系属于"委托—代理"博弈关系的一种。"委托—代理"关系的典型特征是委托人的利益在很大程度上取决于代理人的行为，而代理人的行为却不能总是被委托人所直接控制或监督，很多时候只能通过奖励或处罚等间接措施影响代理人的行为。地方政府对于中央政策的执行力如何，很多时候会受到中央政府与地方政府作为委托方与代理方之间博弈结果的影响。

以新型城镇化政策为例，中央政府面临两个选择，即是否委托地方政府执行，如果中央政府不进行委托，则由于中央政府直接在地方执行的难度很大，同时又得不到地方政府的服务，因此预期的收益为0；与此同时，地方政府由于没有得到中央政府给予的与该政策相关的任何转移支付或优惠补贴，因此地方政府的收益也为0。

如果中央政府选择委托，那么其收益则要取决于地方政府的选择。在得到中央政府关于新型城镇化政策的委托之后，地方政府也有两种选择，一种是努力执行，一种是敷衍了事。若地方政府选择努力执行，那么中央政府会因此得到较高的收益$W(g)$，与此同时也得以转移支付的形式给予地方政府较高的报酬$D(g)$。地方政府得到了中央政府支付的报酬$D(g)$，同时努力执行的成本$C(g)$也较高，此时中央政府与地方政府的收益分别为$W(g)-D(g)$与$D(g)-C(g)$。而如果地方政府选择对中央下发的新型城镇化政策敷衍了事，那么中央政府所得到的收益则较低$W(f)$，支付给地方政府的报酬也相应较低$D(f)$，地方政府由于并没有努力执行，因此付出的成本也相应较低$C(f)$，最终中央政府与地方政府的收益分别为$W(f)-D(f)$与$D(f)-C(f)$。

本书用图3-5来展示中央政府与地方政府作为委托人与代理人之间的这种动态博弈关系。

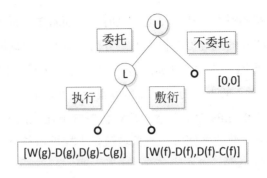

图3-5　执行力动态博弈模型

图3-5中U代表中央政府，L代表地方政府。从上述的博弈模型中可以推断，从利益的角度来看，只有地方政府认为努力执行政策法规后的收益远远大于敷衍了事的收益，地方政府才会认真贯彻、努力执行，中央政府的新型城镇化政策才能真正转化为人民实惠的增加。而如果地方政府预期到努力执行的收益并不会远远高出敷衍的收益，则地方政府很可能在新型城镇化建设的过程中敷衍了事，导致新型城镇化建设受阻。

在资源型地区新型城镇化过程中，地方政府是从大局出发，将地区的发展当作首要的任务，还是更多地考虑地方政府独立的利益，使得在新型城镇化建设的博弈过程中存在着很大的管理风险。[1]

三、中央—地方财权与事权分配博弈风险分析

事权是政府在公共事务和服务中应承担的任务和职责，其发挥需要一定的财权支撑。地方政府的财权与事权分配在很大程度上由中央政府所控制，由于中央政府倾向于将事权下放，财权上收，从而造成地方政府财权与事权不对等。中央政府一方面希望地方政府能够努力执行事权，另一方面又想尽

---

① 闫建. 博弈论视角下地方政府执行力的提升问题[J]. 理论探索，2011，（6）：105-108.

量减少对地方政府的财力支持；而地方政府一方面希望尽量将事权上交，尤其是责任划分不明确的混合型事权，另一方面又争取中央政府尽可能多地转移支付，减轻自身财政压力。因此，中央政府与地方政府之间围绕着事权（特别是混合型事权）的下放与财权的配备就会展开博弈。

参考蒋斌等所构建的博弈模型，针对新型城镇化建设中的混合型事权，建立中央政府与地方政府之间关于新型城镇化事权承担与财权配备的不完全信息动态博弈模型。[①]

首先设定地方政府是乐于承担新型城镇化建设中的纯地方事权，并力争为本辖区居民创造更好的环境、提供更多的公共商品与更好的公共服务，地方政府的效用函数用下面公式表示：

$$U_1 = \left(C_1 + C_2\right)^{\alpha} e^{-\beta L^2} e^{-\pi K^2} \tag{3.1}$$

式（3.1）中，C_1表示地方政府乐于承担的新型城镇化建设中的纯地方事权，C_2表示新型城镇化建设中责任划分不明确的混合型事权里地方政府所承担的份额，设$C=C_1+C_2$，则C为与地方事权相匹配的财政总支出。L为地方税收收入，K为其他收入，π为中央政府根据新型城镇化事权对地方的转移支付，则$C = C_1 + C_2 = L + K + \pi, \alpha > 0, \beta > 0$，$\pi$为常数。政府追求效用最大化，即

$$\max U_1 = C^{\alpha} \exp\left[-\beta L^2 - \pi K^2\right] \tag{3.2}$$

等价于

$$\max \ln U_1 = \alpha \ln C - \beta L^2 - \pi K^2 \tag{3.3}$$

代入$C = L + K + \pi$

---

① 蒋斌，蒲勇健，饶茜. 县级政府财政困境：一个不完全信息动态博弈模型[J]. 乡镇经济，2006（3）：47-51.

$$\max \ln U_1 = \alpha \ln \left(L + K + \pi \right) - \beta L^2 - \pi K^2 \tag{3.4}$$

其一阶条件是：

$$\frac{\partial \ln U_1}{\partial L} - \frac{\alpha}{L + K + \pi} - 2\beta K = 0 \tag{3.5}$$

$$\frac{\partial \ln U_1}{\partial K} - \frac{\alpha}{L + K + \pi} - 2\beta L = 0 \tag{3.6}$$

解联立方程组：

$$\begin{cases} \dfrac{\alpha}{L + K + \pi} = 2\beta K \\ \dfrac{\alpha}{L + K + \pi} = 2\pi L \end{cases} \tag{3.7}$$

得
$$2\beta K = 2\pi L , \quad K = \frac{\beta}{\pi} L \tag{3.8}$$

代入 $C = L + K + \pi = \left(1 + \dfrac{\beta}{\pi} \right) L + \pi$

有
$$L = \frac{C - \pi}{1 + \beta / \pi} \tag{3.9}$$

$$\frac{\alpha}{C} = 2\beta L = 2\beta \cdot \frac{C - \pi}{\left(1 + \dfrac{\beta}{\pi} \right)} = \frac{2\beta}{1 + \dfrac{\beta}{\pi}} \left(C - \pi \right) \tag{3.10}$$

$$\frac{2\beta}{1 + \beta / \pi} C^2 - \frac{2\beta\pi}{1 + \beta / \pi} C - \alpha = 0 \tag{3.11}$$

$$C = \frac{\dfrac{2\beta\pi}{1+\beta\pi} \pm \sqrt{\dfrac{2\beta^2\pi^2}{(1+\beta/\pi)^2} + \dfrac{2\beta\alpha}{(1+\beta/\pi)}}}{\dfrac{4\beta}{1+\beta/\pi}} = \frac{\pi \pm \sqrt{\pi^2 + 2\alpha\left(\dfrac{1}{\beta}+\dfrac{1}{\pi}\right)}}{2} \quad （3.12）$$

$C>0$，则

$$C = \frac{\pi + \sqrt{\pi^2 + 2\alpha\left(\dfrac{1}{\beta}+\dfrac{1}{\pi}\right)}}{2} \quad （3.13）$$

因 $\qquad\qquad\qquad C=C_1+C_2$

故 $\qquad C_2 = \dfrac{\pi + \sqrt{\pi^2 + 2\alpha\left(\dfrac{1}{\beta}+\dfrac{1}{\pi}\right)}}{2} - C_1 \quad （3.14）$

由上可知，当 L 与 K 确定的情况下，地方政府的效用大小与 β 呈负相关，即 β 越大，地方政府的效用越小，而 β 反映的是地方政府对将税收所得用于支付新型城镇化建设中的混合型事权的排斥程度。

若中央政府认为地方政府在新型城镇化建设中应该承担的事权是 $C_0>0$，中央的效用函数为 $U_2 = e^{-(C-C_0)^2}$，则中央政府的最大效用在 $C=C_0$ 处达到。如果中央政府知道地方政府对将税收所得用于支付新型城镇化建设中的混合型事权的排斥程度是多大，即 β 是已知的，则中央政府给予地方政府的转移支付 π 满足：

$$C_0 = \frac{\pi + \sqrt{\pi^2 + 2\alpha\left(\dfrac{1}{\beta}+\dfrac{1}{\pi}\right)}}{2} \quad （3.15）$$

因 C_0 假定为常数，则 $\pi = \pi(\beta)$。

在给定 C_0 下，π 随 β 的增加而增加，这说明当地方政府对将税收所得用于支付混合型事权的排斥程度增加时，中央政府对地方政府的转移支付会相应增加。

根据上述分析，得到地方税收收入为：

$$L = \frac{C - \pi}{\left(1 + \dfrac{\beta}{\pi}\right)} = \frac{\sqrt{\pi^2 + 2\alpha\left(\dfrac{1}{\beta} + \dfrac{1}{\pi}\right)} - \pi}{2\left(1 + \dfrac{\beta}{\pi}\right)} = \frac{\alpha / \beta}{\sqrt{\pi^2 + 2\alpha\left(\dfrac{1}{\beta} + \dfrac{1}{\pi}\right)} + \pi} \qquad (3.16)$$

可知 L 是 π 的减函数，这说明中央政府向地方政府的转移支付越多，地方政府为了支撑事权而增加的税收就越少。此外，在 π 一定的情况下，地方政府对将税收所得用于支付混合型事权的排斥程度越高，对于地税的征收就越少。

$$L = \frac{\beta}{\pi} L = \frac{\beta}{\pi} \cdot \frac{\dfrac{\alpha}{\beta}}{\sqrt{\pi^2 + 2\alpha\left(\dfrac{1}{\beta} + \dfrac{1}{\pi}\right)} + \pi}$$

$$= \frac{\alpha}{\pi\left(\sqrt{\pi^2 + 2\alpha\left(\dfrac{1}{\beta} + \dfrac{1}{\pi}\right)} + \pi\right)} = L_-(\pi) \qquad (3.17)$$

代入 $U1$：

$$U_1 = C^\alpha \exp\left[-\beta L^2 - \pi K^2\right] = C^\alpha \exp\left[-\beta L^2_-(\pi) - \pi K^2_-(\pi)\right] \qquad (3.18)$$

因 $C = C + (\pi)$，故 $U_1 = U_1 + (\pi)$。

可以看出 U_1 是 π 的增函数，这说明在面临新型城镇化建设中的混合型事权责任划分不清的情况下，为了增加自身的效用，地方政府会想方设法得到中央政府更多的转移支付。

对于新型城镇化建设中的责权划分不明确的混合型事权，中央政府不能准确了解地方政府所承担的份额。中央政府为了避免地方政府超额申报转移支付，因此仍旧倾向于采取事权下放、财权上收的策略，这样就会破坏中央政府与地方政府之间原有财政关系的稳定性，容易造成中央政府对地方政府的转移支付不能满足地方政府事权执行的需要，而缺少有力的财力支撑，势必会影响到地方政府对公共商品与服务的供给，最终受损的仍然是地方辖区居民。

四、政府—资源型企业基础设施建设融资分担比例博弈风险分析

由于历史原因，"企业办社会"现象曾长期存在于资源型地区，即资源型国有大型企业承办了本企业生产经营以外的机构服务及公共基础设施建设。随着社会的进步，大部分国企已经通过改革的方式卸下了办社会的包袱，然而在部分领域与国有企业中，"企业办社会"的问题仍然存在。

资源型地区新型城镇化建设所面临的一个重要问题就是基础设施改造与建设。长期以来地方政府与资源型企业之间保持着互相合作，彼此补充同时又存在对抗的微妙关系，在面对基础设施改造与建设上，一个关键的问题就是投资分担比例。一般情况下，资源型企业会尽可能地不承担投资份额，但为了保持与地方政府所建立的良好的战略合作关系，且知道地方政府会利用政府的优势地位强制性分配投资比例，因此会通过谈判与地方政府进行博弈，尽可能少地承担投资份额。因此，本书通过建立地方政府与资源型企业之间关于基础设施改造与建设投融资分担比例的不完全信息博弈模型，对其中可能存在的风险进行探讨。

在该不完全信息博弈模型中，有两个前提条件：第一是博弈双方的地位不对称，即地方政府处于强势地位，资源型企业相对处于弱势地位；第二是在博弈过程中存在着谈判损耗。

假设资源型企业认为政府会利用自己的优势地位要求企业承担更多投

资比例的概率为q_1，不利用优势地位要求企业承担更多投资比例的概率为$q_2=1-q_1$，在资源型企业认为地方政府不会利用优势地位转嫁更多投资比例的情况下，为了保持与地方政府的友好合作关系，资源型企业会主动承担政府欲转移份额的1/3。但如果资源型企业认定地方政府将利用优势地位转嫁更多投资比例，那么资源型企业会采取强硬态度与地方政府进行谈判，而谈判最坏的结果是承担政府要求份额的1/2。

第一轮博弈：在q_1的概率下，政府提出资源型企业承担k_1的投资比例，政府自己承担$1-k_1$的投资比例，一旦企业接受了这样的分配比例，政府会要求资源型企业额外接受政府投资份额中的p_1份额，这种时候，企业不会再无条件接受，而是通过谈判，只同意接受$1/2p_1$，那么政府与资源型企业不需要承担的投资比例分别为：

$$地方政府： \qquad P_1 = q_1\left(k_1 + \frac{1}{2}p_1\right) \qquad （3.19）$$

$$资源型企业： \qquad Q_1 = q_1\left(1 - k_1 - \frac{1}{2}p_1\right) \qquad （3.20）$$

在q_2的概率下，除了政府最先提出的投资比例分配，政府不利用优势地位要求资源型企业承担更多投资份额，资源型企业为了保持与地方政府的友好合作关系，会主动承担额外的$1/3p_1$，则政府与资源型企业不需要承担的投资比例分别为：

$$地方政府： \qquad P_1 = q_2\left(k_1 + \frac{1}{3}p_1\right) \qquad （3.21）$$

$$资源型企业： \qquad Q_1 = q_2\left(1 - k_1 - \frac{1}{3}p_1\right) \qquad （3.22）$$

根据上述分析可知，在第一轮谈判中，政府和资源型企业不需要承担的投资比例分别为：

$$地方政府： \qquad P_1 = P_1 + P_1 = q_1\left(k_1 + \frac{1}{2}p_1\right) + q_2\left(k_1 + \frac{1}{3}p_1\right) \qquad （3.23）$$

$$资源型企业： Q_1 = Q_1 + Q_1 = q_1\left(1 - k_1 - \frac{1}{2}p_1\right) + q_2\left(1 - k_1 - \frac{1}{3}p_1\right) \qquad （3.24）$$

P_1、Q_1分别表示第一轮谈判中政府与资源型企业不需要承担的投资比例。但如果资源型企业拒绝第一轮谈判中政府提出的投资比例分配，则博弈将进入第二轮。

第二轮博弈：由于谈判成本会随着谈判时间的拉长而增加，因此此处引入谈判损耗系数，设δ_1为政府谈判损耗系数，δ_2为资源型企业谈判损耗系数。与第一轮谈判不同的是，在第二轮谈判中，在q_1的概率下，资源型企业主动提出自己不需要承担的比例为k_2，则政府不需要承担的投资比例为$1-k_2$，而政府会要求资源型企业额外接受政府投资份额中的p_2份额，通过谈判，资源型企业只同意接受$1/2p_2$，那么政府与资源型企业不需要承担的投资比例分别为：

地方政府：
$$P_2 = \delta_1 q_1 \left(k_2 + \frac{1}{2} p_2 \right) \tag{3.25}$$

资源型企业：
$$Q_2 = \delta_2 q_1 \left(1 - k_2 - \frac{1}{2} p_2 \right) \tag{3.26}$$

而在q_2的概率下，除了资源型企业最先提出的投资比例分配，政府不利用优势地位要求资源型企业承担更多投资份额，与第一轮谈判类似，资源型企业会主动承担额外的$1/3p_2$，则政府与资源型企业不需要承担的投资比例分别为：

地方政府：
$$P_2 = \delta_1 q_2 \left(k_2 + \frac{1}{3} p_2 \right) \tag{3.27}$$

资源型企业：
$$Q_2 = \delta_2 q_2 \left(1 - k_2 - \frac{1}{3} p_2 \right) \tag{3.28}$$

因此，在第二回合中，政府P_2和资源型企业Q_2不需要承担的投资比例为：

地方政府：
$$P_2 = P_2 + P_2 = \delta_1 q_1 \left(k_2 + \frac{1}{2} p_2 \right) + \delta_1 q_2 \left(k_2 + \frac{1}{3} p_2 \right) \tag{3.29}$$

资源型企业：
$$Q_2 = Q_2 + Q_2 = \delta_2 q_1 \left(1 - k_2 - \frac{1}{2} p_2 \right) + \delta_2 q_2 \left(1 - k_2 - \frac{1}{3} p_2 \right) \tag{3.30}$$

如果政府拒绝第二轮谈判中资源型企业提出的投资比例分配，那么博弈将进入第三轮。在第三轮谈判中，政府首先提出自己不需要承担的投资比例为k_3。

第三轮谈判：与前两轮谈判类似，当政府发挥自己的优势地位时，政府与资源型企业不需要承担的投资比例分别为：

地方政府：
$$P_3 = \delta_1^2 q_1 \left(k_3 + \frac{1}{2} p_3 \right) \tag{3.31}$$

资源型企业：
$$Q_3 = \delta_2^2 q_1 \left(1 - k_3 - \frac{1}{2} p_3 \right) \tag{3.32}$$

当政府不发挥自己的优势地位时，政府与资源型企业不需要承担的投资比例为：

地方政府：
$$P_3 = \delta_1^2 q_2 \left(k_3 + \frac{1}{2} p_3 \right) \tag{3.33}$$

资源型企业：
$$Q_3 = \delta_2^2 q_2 \left(1 - k_3 - \frac{1}{2} p_3 \right) \tag{3.34}$$

因此，在第三轮谈判中，政府P_3和资源型企业Q_3不需要承担的投资比例为：

地方政府：
$$P_3 = P_3 + P_3 = \delta_1^2 q_1 \left(k_3 + \frac{1}{2} p_3 \right) + \delta_1^2 q_2 \left(k_3 + \frac{1}{3} p_3 \right) \tag{3.35}$$

资源型企业：
$$Q_3 = Q_3 + Q_3 = \delta_2^2 q_1 \left(1 - k_3 - \frac{1}{2} p_3 \right) + \delta_2^2 q_2 \left(1 - k_2 - \frac{1}{3} p_3 \right) \tag{3.36}$$

由上述博弈过程可知，由于资源型地区传统体制机制改革的不彻底，在基础设施改造融资分担问题上责任划分不明确，地方政府与资源型企业作为不同的利益主体，会针对投资分担比例问题进行多次或无限期谈判，拖延时间越久，产生的谈判损耗越多（图3-6）。如果问题长期得不到解决，必然造成基础设施建设与改造主体缺位的风险。

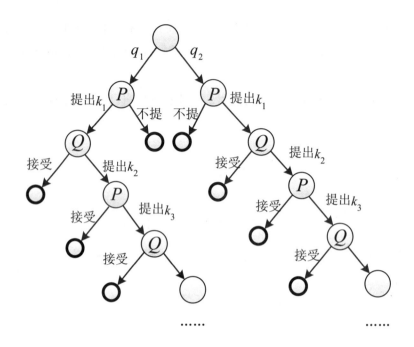

图3-6　地方政府与资源型企业无限期博弈树

五、政府—资源型企业—居民生态保护博弈风险分析

　　资源的开发必定伴随着生态的破坏与环境的污染，而由于生态破坏与环境污染问题的外部性特征，资源型企业在资源开发与加工过程中所制造的生态破坏与环境污染中有很大一部分由社会公众承担，即资源型企业利益的获得是以牺牲公众利益为代价的。然而一方面由于长期以来我国社会公众环保意识差，另一方面缺乏维护自身权益的觉悟，因此对资源型企业破坏生态与环境的公众监督发挥的作用较小，而相应的政府监管也存在缺位的现象。

　　假设某一资源型企业附近有n个家庭，其中某个家庭的居民对该资源型企业污染环境的行为进行投诉，若该居民的环保行为制止了资源型企业对环境的继续污染，使得居住环境得到了改善，社会总福利提高了w。由于环境改善具有外部经济性，即所有的居民都从中得到了收益，每个家庭的收益为w/n，而只有投诉的居民付出了成本t，即该居民的收益为（w/n）$-t$。以此可以看出，虽然投诉可以提高社会总福利，但对于其他居民来说，不投诉也可以免费"搭便车"，即在没有任何成本付出的情况下享受到了环境的改善，因此相比之下，进行投诉的居民相对于"搭便车"的居民来说，得到的收益是最少的。所以，如果没有对投诉居民的额外补偿的话，投诉行为是不会出现的。但如果没有任何一个居民出面进行投诉的话，则环境污染将一直继续，社会总福利不会得到任何提高，即每个家庭的收益都是0。

本书通过建立资源型企业—居民—政府三方序贯博弈模型对该类现象进行进一步分析。如图3-7所示，图中已假设了在不同情况下资源型企业、居民、政府三者的收益。

假设政府严格监管资源型企业污染问题的概率为β，资源型企业优先选择不治理污染的概率为γ，治理的概率为（$1-\gamma$），居民对环境污染抱怨的概率为ρ，从图3-6可知，资源型企业、居民、政府的期望收益分别为：

$$\prod A = 10\gamma(1-\rho) + 10\gamma\rho(1-\beta) + (-5)\gamma\rho\beta = 5\gamma(2-3\rho\beta) \quad （3.37）$$

$$\prod B = 10(1-\gamma) + (-5)\gamma\rho(1-\beta) + 5\gamma\rho\beta = 10(1-\gamma) + 5\gamma\rho(2\beta-1) \quad （3.38）$$

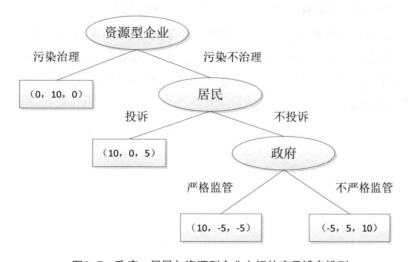

图3-7 政府、居民与资源型企业之间的序贯博弈模型

$$\prod C = 10(1-\gamma) + 5\gamma(1-\beta) + (-5)\gamma\rho(1-\beta) = (10-5\gamma-5\gamma\rho) - 5\gamma\beta(1-\rho)$$

（3.39）

将式（3.37）、式（3.38）、式（3.39）分别对 γ、ρ、β 进行求导，可以得到：

$$\prod A\gamma' = 2 - 3\rho\beta$$

（3.40）

$$\prod B\rho' = 2\gamma(2\beta-1)$$

（3.41）

$$\prod C\beta' = 2\gamma(\rho-1)$$

（3.42）

由上可知，γ 越大，资源型企业可以获得的利润越高。此外，如果居民对资源型企业污染环境有较高的容忍度，即抱怨的概率 ρ 较低，并且政府对资源型企业的监管不严格，即 β 较低的话，那么资源型企业可以对环境污染不进行治理，从而获得更多的收益。而对于居民而言，γ 越大，居民受到的损害越大。β 值的大小会影响到居民参与环境保护公共监督的积极性，若 β 值小于0.5，居民投诉的积极性就会降低。而如果 β 值很高的话，即政府对资源型企业污染环境问题监管力度太高，则可能在一定程度上引发更多更严重的投诉，因此政府必须权衡资源型企业、居民等多方利益。

从 $\rho < 1$，$\prod C\beta' = 5\gamma(\rho-1) < 0$ 中可以看出政府对于资源型企业污染环境的监管缺乏激励。而且 ρ 越小，政府监管的概率 β 就越低，当 $\beta<0.5$ 时，居民投诉的收益也较低，最终形成企业不治理、居民不投诉、政府不严格监管的博弈纳什均衡。

第三节　资源型地区新型城镇化动力障碍分析

一、资源型地区新型城镇化动力因子

动力即力量的来源，是事物运动和发展的推动力量。动力因子即动力中包含的动力要素。依据新型城镇化动力理论，自然资源、历史文化、经济增长、公共需求、政策制度、生态环境等动力因子为城镇化发展提供了源源不断的动力，推动城镇化规模的不断扩大。

1.自然资源

自然资源是地区城镇化的先天性基础动力，自然资源的类型影响着城镇的类型，决定了一个地区可以或者适宜采取的产业形式及城市发展战略。优越的资源禀赋吸引着资金、技术与劳动力的集聚，加快产业规模效应的发挥和经济与社会的发展，促进城镇聚落的形成。而随着资源赋存的消耗，资源要素也会逐渐成为城镇化的制约因素。

2.历史文化

历史文化是指城镇的文物古迹、历史地段、风貌特色与历史传统等。一个城镇的辐射力和吸引力主要来自其历史与文化。历史文化所创造的人文环境和城镇的文化发展水平对社会的进步和经济的发展起着越来越大的促进作用。城镇历史文化反映了城镇的精神状态，是城镇文明程度的集中体现，也决定着城镇的品位和城镇发展的潜力。①

---

① 广德福. 中国新型城镇化之路[M]. 北京：人民日报出版社，2014（6）：77–79.

3.经济增长

地区财富的集聚离不开经济的发展，只有经济的持续增长才能保证就业机会的提供，而这些是资源型地区新型城镇化建设的经济资本与人口资本，可以说经济增长是城镇化建设不可缺少的最重要动力。通常来说，经济增长的速度与城镇化的速度成正比，而一旦经济发展速度放缓，城镇化进程也将受阻。

4.公共引导

居民对医疗、教育、安全以及基础设施等的需要是推动新型城镇化的自发性动力。在一定程度上，公共需求代表了经济增长与新型城镇化发展的内需，通过增强内部消费能力，释放潜在市场，优化资源合理配置，使新型城镇化发展轨迹顺应市场发展规律。

5.政策制度

在推进新型城镇化的过程中，政府的宏观调控是必不可少的，这既是世界各国城镇化的共同经验，也是我国社会主义市场经济体制的必然要求。积极优惠的政策可以为新型城镇化建设创造有利的环境与条件，将各种优秀的人才与丰富的资源引导到新型城镇化建设中。[①]

6.生态环境

相对于传统城镇化对速度的追求，新型城镇化更加注重品质的提升，高品质的生活离不开良好的生态环境，这就要求新型城镇化建设改变粗放的发展模式，严厉打击环境污染与破坏行为，增加污染治理与环保投入，重视对生态环境的修复，实现人与自然的良性循环，建造绿色健康的生态城镇。[②]

除了上述主要动力因子外，推动新型城镇化建设的还包括技术水平、人

---

① 杨万江. 近十年来国内城镇化动力机制研究述评[J]. 经济论坛，2010，（6）：18-20.

② 景普秋. 资源型城镇组群人口城镇化动力机制研究[J]. 城市发展研究，2010，（4）：78-85.

口素质等很多其他因素，新型城镇化建设是由多种动力因素所形成的合力共同推动的。然而，这些动力因子在发挥动力作用的同时，也可能成为新型城镇化建设的制约因素。

二、资源型地区新型城镇化动力源

1.农业现代化

农业现代化是新型城镇化的初始动力，不仅表现在农业生产的剩余，还表现为农业劳动力的解放。对于资源型地区而言，虽然农业生产所占的比重较低，但不能因此忽视农业生产的重要性。只有农业生产力发展到一定程度，产生农业产品的剩余，资源型地区的开发才会有物质基础。而只有农业生产技术不断提高，才会从农业生产中解放出来大量的劳动力，投身于资源型地区的开发与建设之中。资源型地区的新型城镇化建设同样需要大量的农业支撑与劳动力投入，因此需要更加现代化的农业大生产。只有农业生产实现更高的规模化、技术的专业化与生产模式的集约化，才能免除资源型地区新型城镇化建设的后顾之忧，为资源型地区新型城镇化提供有力的物质支撑。[①]

2.新型工业化

新型工业化是新型城镇化的根本性动力与重要激发因素。据统计数据显示，一般情况下，城镇化速度与工业化水平成正相关，即工业化程度越高，城镇化速度越快；工业化程度越低，城镇化速度相应也比较缓慢。而新型城镇化道路也正是与现阶段我国所提倡的新型工业化发展模式所呼应的。与集约式的新型工业化发展模式相匹配的必然是内涵式的新型城镇化建设模式。

---

① 倪鹏飞. 新型城镇化的基本模式、具体路径与推进对策[J]. 江海学刊，2013，（1）：87-94.

正是新型工业化所包含的"科技含量高、经济效益好、资源消耗低、环境污染少、人力资源得到充分发挥"等特点要求新型城镇化建设以"产城一体、节约集约、生态宜居、和谐发展"等为基本特征。对于资源型地区而言，亟须摒弃以往粗放的开发与发展途径，以新型工业化作为契机，激发新型城镇化的发展潜力，走出一条绿色、健康、可持续的新型城镇化道路。

3.信息化

信息化不仅是信息传送与交流的工具，在一定程度上更是一种生产力。农业现代化、新型工业化这两个新型城镇化的动力源都需要借助于信息化的支撑。信息化改变了原有的生产方式、工作方式与学习方式，加快了产品与技术更新换代的速度，大大提高了农业现代化与新型工业化的效率，已经成为一种新的生产力。新型城镇化建设中所需要的先进技术离不开信息化的发展。智慧城市建设是新型城镇化利用信息化技术的典型代表，通过先进的信息技术，实现城市生产、生活方式的变革，提升城镇化品质，使人的需求在新型城镇化中得到全面的尊重与满足。[①]

三、资源型地区新型城镇化动力机制

1.政府主导

在我国，国家与政府是推动新型城镇化建设的主导力量。政府的主体作用主要体现在以下三个方面：首先，政府确定城镇化道路与方向，制定城镇化发展战略。党的十八大提出坚持"走中国特色新型工业化、信息化、城镇化、农业现代化道路"，即政府在新时期对新型城镇化战略道路的选择。其次，政府进行顶层设计，制定新型城镇化制度与规划。《国家新型城镇化规划（2014—2020年）》就是我国政府从总体上对我国新型城镇化建设的指导

---

① 广德福. 中国新型城镇化之路[M]. 北京：人民日报出版社，2014：77–79.

与要求。规划从背景、指导思想、发展目标、人口市民化、布局与形态、可持续发展、城乡一体化、完善体制机制、规划实施等方面系统阐述了我国新型城镇化的建设规划。最后，我国各级人民政府是新型城镇化建设的实施主体：中央政府作为新型城镇化政策的制定者，主要进行各项新型城镇化制度的改革与制定，引导各种资源与生产要素向新型城镇化建设领域集中；地方政府主要担任新型城镇化政策的执行者，根据地区特点，结合实际情况，具体实施各项新型城镇化政策。[①]

2.市场牵引

市场作为我国新型城镇化建设主体的有力补充，在新型城镇化过程中起着牵引作用。经过市场化改革，政府统办包办的管理模式已经退出了历史舞台，企业以及其他中间性组织成为新型城镇化建设的重要参与者。由于新型城镇化目标与规划对建设质量的高要求，以及居民对高品质的医疗、高水平的教育以及高水准的基础设施等的需要释放出了隐藏在新型城镇化建设中的潜在市场。企业以及其他中间性组织为了获得利润，会加快创新与研发，并不断向新型城镇化建设领域集中，以满足市场需要。资本、技术、人才等资源通过市场化机制而不是政府操控得到了更加合理配置。自下而上的市场竞争机制所激发的活力会加快新型城镇化建设的步伐，同时由于市场内在的优胜劣汰机制，新型城镇化的质量也将得到提高（图3-8）。[②]

四、资源型地区新型城镇化动力障碍风险分析

新型城镇化的动力要素为中国的城镇化发展和现代化建设作出了巨大的

---

① 胡士杰，朱海琳. 论政府在城镇化动力机制中的角色与作为[J]. 石家庄铁道大学学报（社会科学版），2013，（2）：57-80.
② 杨发祥. 新型城镇化的动力机制及其协同策略[J]. 山东社会科学，2014，（1）：56-62.

贡献。然而，各种动力要素具有自身利益取向与功能边界，使动力存在功能障碍，制约着新型城镇化的整体推进。"资源诅咒"、传统体制束缚、政府财力不足等，是资源型地区新型城镇化动力功能的主要约束性因素。

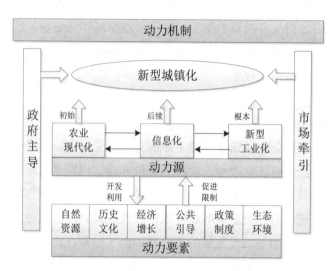

图3-8　资源型地区新型城镇化动力机制示意图

（1）"资源诅咒"

"资源诅咒"指的是资源越丰富的地区经济增长与社会发展反而越缓慢，甚至远远滞后于资源稀缺的地区。其主要原因在于资源型地区在发展过程中往往容易忽略对其他资源的培育，而是单一地对某种相对丰富的资源过分依赖。丰富资源带来的财富使得资源型地区创新动力萎缩，地区其他产业失去竞争力。而随着资源赋存的耗竭，地区发展必将陷入困境。目前我国资源型城市中有69个城市的资源开发进入衰退阶段，被列为资源枯竭型城市。对于资源型地区而言，天赋的资源既是其经济增长与城镇化发展的基础动力，也是其最大的制约性因素。

（2）传统体制束缚

计划经济时期，一切资源的开发与分配都是由政府统一安排。在过去的传统体制下，我国资源型地区通常是通过国家直接投资建矿而得到的发展，开发与生产均依赖于政府指令。虽然经过了市场化改革，我国已经进入了自由市场经济时代，资源配置实现了市场化，但是相对于其他的综合性城市，资源型地区仍然被传统体制所束缚，缺乏市场竞争意识。根深蒂固的传统管理体制与思想严重制约着资源型地区在新型城镇化建设中创新意识的发挥，错失改革与转型的良机，远远落后于综合性城市的新型城镇化进程。

（3）政府财力不足

资源型地区新型城镇化建设的主体仍然是地方政府，除了中央政府的转移支付，地方政府用于新型城镇化建设的资金主要出自自身的财政收入，资源型地区的财政收入主要来源于当地国有大型资源型企业的资源税。我国资源类产品价格普遍较低，资源税也相应较低，再加上资源型产业的发展容易受自身生产周期的影响，这样就会导致资源型地区政府财力不足，影响政府提供公共产品与服务职能的发挥，无法满足新型城镇化所要求的硬件设施与软件环境，进而影响新型城镇化建设进程与质量。

（4）工业化结构的偏差

一般情况下，工业化会带动城镇化，是城镇化的重要激发因素。然而，资源型地区的城镇化水平却远远滞后于工业化程度。究其原因，主要是由于资源型地区工业化结构的偏差。[①]资源型地区的工业化属于弱质工业化，缺乏创新与竞争力，导致产业结构升级困难。由于重工业化的低质性，束缚了劳动力的解放，资源型地区的第三产业比重得不到大幅度提升，从而限制了其带动就业与促进经济增长的作用，无法发挥对新型城镇化的推动力量，也无法满足新型城镇化对第三产业的高要求，最终影响了新型城镇化建设质量的提高。

（5）政府与市场的边界模糊

新型城镇化建设越来越重视市场的牵引作用，并有向"市场主导，政府引导"转变的趋势。然而由于长期以来我国资源型地区的城镇化建设发展主要靠政府自上而下的推动，市场主要起到补充的作用。当前积极推动政府职能的转变，在市场机制尚未健全的情况下，很有可能导致政府与市场的边界模糊，在一定程度上造成新型城镇化建设过程中政府与市场双重缺位的现象。

---

① 杨万江. 近十年来国内城镇化动力机制研究述评[J]. 经济论坛，2010，（6）：18-20.

第四节　本章小结

　　本章分别从系统耦合、利益相关者博弈和动力机制三个角度分析了资源型地区新型城镇化过程中的风险发生机制：通过建立资源型地区新型城镇化系统耦合模型，分析系统耦合演化过程，模拟出资源型地区新型城镇化耦合系统是一个风险不断爆发与规避的过程；通过对资源型地区新型城镇化过程中政策执行力、财权与事权分配、基础设施建设融资分担以及生态保护等几个典型问题进行利益相关者博弈分析，发现在各种利益相关者博弈过程中存在着执行力风险、资金风险、基础设施建设风险、环境保护等风险；对资源型地区新型城镇化的机制存在着各种潜在的功能障碍。通过上述的风险分析，可以发现资源型地区新型城镇化建设总体上存在四类风险，分别为管理风险、经济风险、社会风险和生态风险。

第四章　资源型地区新型城镇化风险因素识别

　　本章在风险分析的基础上对资源型地区新型城镇化建设风险影响因素与指标进行识别。首先确定了风险识别的原则与方法，结合现有文献中的相关评价指标体系，以基于目标导向的风险识别为方法，获取与识别风险影响因素与指标，初步建立资源型地区新型城镇化风险因素指标体系，对体系中的指标进行风险假设，通过问卷调查的形式，对风险假设进行实证性分析，通过探索性检验与验证性检验对指标进行筛选，结合专家意见，确定最终的资源型地区新型城镇化风险指标。

第一节　风险识别原则与方法

一、风险识别原则

风险识别是风险管理整个环节的开端与基础，风险识别的过程就是寻找风险管理的对象，全面而准确的风险识别将大大提高风险管理工作的效率与水平。有效的风险识别应坚持以下原则。

（1）目的性

风险识别应围绕着风险管理的目的有序展开，准确定位风险管理对象，使得评价结论能够正确反映评价主体的评价目的。

（2）系统性

风险识别应该在全面、系统的规划中有序进行，对于风险管理对象要有整体性的认识，保证风险识别结果的系统性。

（3）可操作性

风险识别结果应有可操作性，可以通过定性或定量的方式具体化，不可过于抽象，导致无法测量与评估。

（4）层次性

风险识别所得的结果应具有层次性，一般划分为三级指标体系，有利于研究的条理性。

（5）代表性与差异性

指标应具有代表性，可以反映某一方面的总体特性与规律；同时指标之间应具有一定的差异性，可以反映总体各个方面的状况。

（6）定量定性相结合

风险识别所得指标应尽量实现可定量分析，在不能完全反映总体目标的情况下，可以选取定性指标，保证指标可以全面真实地反映总体的特征与规律。

二、风险识别方法

风险识别方法的选择需要因地制宜，既要依据风险管理的对象而进行选择，同时还要结合风险识别人员的特点，如人员的文化程度、工作习惯以及经验阅历等，这样才能保证风险识别的结果全面准确。

工作中经常用到的风险识别方法分为主观识别法与客观识别法。主观识别法主要为德尔菲法、主观评分法、幕景分析法和头脑风暴法；客观识别法主要有风险源检查表法、WBS工作分解法、事故树分析法、风险层次全息模型法、因果分析图表法等。本书在前文风险分析的基础上，采用一种与WBS工作分解结构类似的目标分解法，即基于目标导向的风险识别方法。

基于目标导向的风险识别是一种以研究对象的战略目标为导向，将战略目标分解成一个个可量化的具体指标，再将具体指标转化为风险辨识目标的过程。该方法可以较强地描述风险因素间的相关关系，并对风险结构有良好的表达效果。目标导向法可以保证风险识别过程的系统性及有序性，依据层层分解的目标可以实现风险迅速辨识，并完成自检验，而且还能保证与风险评价控制活动的一致性。[①]

基于目标导向进行风险识别的第一步是确定资源型地区新型城镇化建设的战略目标。根据所要实现的目标，辨识各种潜在的风险影响因素及风险指标。资源型地区新型城镇化的目标主要是通过评价指标来体现的，本书参考已有的新型城镇化评价指标体系以及资源型地区所特有的地区转型与可持续发展等评价指标体系的研究与应用，在这些战略目标的基础上进行资源型地区新型城镇化风险影响因素与指标的识别。

---

① 方德英，李敏强，寇纪淞. 目标导向的IT项目开发风险影响图模型[J]. 系统工程学报，2004，19（6）：601-606.

第二节　风险影响因素及指标识别与分析

目前学术界现存的文献中尚未有专门针对资源型地区新型城镇化的风险指标体系，也缺乏资源型地区新型城镇化建设的目标评价指标体系。因此本书在识别风险影响因素及指标时，分别参考已有文献中关于新型城镇化目标评价指标体系、资源型地区可持续发展目标评价指标体系、资源型地区产业转型目标评价指标体系等，进行资源型地区新型城镇化风险影响因素及指标的识别。

很多学者对上述的目标性指标体系进行过研究，本书在识别新型城镇化的风险影响因素及指标时主要参考的文献有国务院在2014年发布的《国家新型城镇化规划（2014—2020）》中的"新型城镇化主要指标"[1]，厉以宁等建立的"新型城镇化评价指标"[2]，李程骅等建立的创新型城市指标体系[3]，以及方创琳制定的城镇化发展质量动态判断标准[4]等。由于在资源型地区的新型城镇化过程中，还同时进行着资源型地区转型以及可持续发展的探索，因此，除了新型城镇化的目标性评价指标体系外，本文还参考了于立等专门针对资源型地区及城市所建立的"资源型城市（产业）转型评价指标"[5]、张文忠等建立的"资源型城市及地区可持续发展评价指标"[6][7]等目标性评价指标

① 中共中央，国务院. 国家新型城镇化规划（2014—2020 年）[EB/OL].（2014）.https://www.gov.cn/gongbao/content/2014/content_2644805.htm.

② 厉以宁，艾丰，石军. 中国新型城镇化概论[M]. 北京：中国工人出版社，2014：236-238.

③ 李程骅. 中国城市转型研究[M]. 北京：人民出版社，2013：252.

④ 方创琳. 中国新型城镇化发展报告[M]. 北京：科学出版社，2014：158.

⑤ 于立，姜春海，于左. 资源枯竭型城市产业转型问题研究[M]. 北京：中国社会科学出版社，2008：89-90.

⑥ 张文忠，余建辉，王岱. 中国资源型城市可持续发展研究[M]. 北京：科学出版社，2014：114-115.

⑦ 李延江. 煤炭资源型城市可持续发展[M]. 北京：煤炭工业出版社，2004：190-191.

体系，本文将所参考的部分目标性评价指标体系汇总至表4-1。

表4-1 新型城镇化发展指标体系

研究者	指标体系名称	指标类别	具体指标
国务院	新型城镇化指标体系	城镇化水平	常住人口城镇化率 户籍人口城镇化率
		基本公共服务	农民工随迁子女接受义务教育比例 城镇失业人员、农民工、新成长劳动力免费接受基本职业技能培训覆盖率 城镇常住人口基本养老保险覆盖率 城镇常住人口基本医疗保险覆盖率 城镇常住人口保障性住房覆盖率
		基础设施	百万以上人口城市公共交通占机动化出行比例 城镇公共供水普及率 城市污水处理率 城市生活垃圾无害化处理率 城市家庭宽带接入能力 城市社区综合服务设施覆盖率
		资源环境	人均城市建设用地 城镇可再生能源消费比重 城市绿色建筑占新建建筑比重 城市建成区绿地率 地级以上城市空气质量达到国家标准的比例
厉以宁等	新型城镇化评价指标综合指数	经济规模	地方GDP 固定资产投资额 地方财政收入
		发展速度	GDP增长速度
		经济结构	第三产业增加值占GDP比重 非农业人口比重 高新技术产业发展速度
		经济效益	全员劳动生产率 经济密度
		教育科技	每万人拥有高等学校在校人数 公共教育支出占GDP比重的发展速度 研究与开发经费支出占GDP比重

续表

研究者	指标体系名称	指标类别	具体指标
厉以宁等	新型城镇化评价指标综合指数	医疗卫生	每万人拥有医院床位数 每万人拥有医生数 每万人拥有医生发展速度
		社会保障	基本医疗保险参保率 基本养老保险参保率 失业保险参保率 城镇失业登记人数 城市保障房建设完成率
		社会安全	每万人刑事案件立案数 每万人交通事故件数
		收入情况	城乡居民人均收入差距 城乡居民人均收入差距缩小速度
		生活保障	城乡社会保障覆盖率差距 城乡千人拥有医生数差距
		道路交通	人均拥有道路面积 每万人拥有公共汽（电）车数量 人均道路面积发展速度
		供水排水	城镇用水普及率 排水管道密度
		电气邮政	城镇用电保证率 城镇燃气普及率 城镇邮电局所数
		生活水平	人均可支配收入 人均住宅建筑面积 人均住宅建筑面积发展速度
		生活质量	恩格尔系数 平均预期寿命
		文化生活	每百万人公共图书馆图书总藏量 每百万人拥有影剧院数 每百万人拥有影剧院数增长率
		生活现代化	电话普及率 万人国际互联网用户数 每百户拥有家用汽车数量
		人口密度	市区人口密度 暂住人口占城镇人口的比重

续表

研究者	指标体系名称	指标类别	具体指标
厉以宁等	新型城镇化评价指标综合指数	城镇绿化	人均公共绿地面积 人均公共绿地面积发展速度
		污染处理	环境噪声达标率 工业废水排放达标率 生活垃圾无害化处理率 空气质量综合指数
		资源消耗	城镇新建建筑节能达标实施率 人均水资源量 每万元GDP综合能耗
		管理理念	以人为本理念 可持续发展理念 政策创新理念
		管理方式	办事效率和服务质量的满意度 重大事件应对能力 依法行政程度
李程骅	创新型城市指标体系	知识创新能力	从事科研开发活动人员指数 大学、科研院所指数 R&D投入指数 教育经费投入 国际科技论文发表指数 国内科技论文发表指数
		技术创新能力	专利产品数 新产品值 产学研合作指数 企业技术转化指数 企业研发效率指数
		创新环境能力	求新意识 平等观念 兼容心理 每百人拥有移动电话机数 每百人拥有互联网用户数 服务业增加值占GDP的比重 高科技从业人员占全部从业人员比例
		政府创新能力	政府办事效率 政府服务态度 政府服务质量 执行政策的灵活性 重大创新和成功经验 学习能力和交流活动

续表

研究者	指标体系名称	指标类别	具体指标
张文忠等	资源型城市（地区）可持续发展能力评价指标体系	生存支撑系统	人均耕地面积 人均水资源量 农业劳动生产率 劳动力占人口比重
		经济支撑系统	人均GDP GDP增长率 非农产业占GDP比重 固定资产投资占GDP比重 人均工业增加值
		社会支撑系统	城镇化率 城镇居民人均可支配收入 农业居民人均纯收入 失业率 人口密度
		环境支撑系统	人均工业废水排放量 人均固体废弃物排放量 人均二氧化硫排放量 工业废水排放达标率 污染治理投入占GDP比重
		科技支撑系统	科学教育经费支出占GDP比重 人均教育经费支出 万人拥有高等学校专任老师数 万人拥有高等学校在校学生数 万人拥有专业技术人员数
尹牧	资源型城市转型评价指标体系	经济结构	第三产业增加值占GDP比重 资源产业就业人员占全部就业人员比重
		经济水平	人均GDP 经济增长率 恩格尔系数
		经济动力	财政收入占GDP比重 实际利用FDI占GDP比重 固定资产投资占GDP比重 城市工业企业资产负债率
		城市建设	人均城市维护建设资金 人均城市道路面积

续表

研究者	指标体系名称	指标类别	具体指标
尹牧	资源型城市转型评价指标体系	居民生活水平	物价水平 城镇登记失业率 居民人均住房面积
		社会保障能力	三险保障覆盖率 社会福利院床位数
		人口素质	万人拥有医生数 万人拥有大学生数
		社会进步	城市化率 初中毕业生升学率 人口自然增长率 每万人刑事案件数
		科技文化	万人拥有科技人员数 每百万人公共图书馆藏书 地方教育和科技支出占GDP比重
		环境状态	森林覆盖率 建成区绿化覆盖率
		环境改善	环境污染治理投资占GDP比例 工业污水排放达标率 城市生活污水处理率
		资源存储量	人均水资源 城市人口密度
		利用资源利用量	工业固废综合利用率 三废利用产品产值占GDP比重

基于上述各类目标性评价指标，结合资源型地区新型城镇化实际情况，通过德尔菲法，本书最终识别出与第三章风险分析结果相一致的四类风险，分别为经济风险、社会风险、生态风险和管理风险，共包含10个风险影响因素和40个具体风险指标，基本上覆盖了资源型地区新型城镇化、产业转型以及可持续发展的各个方面，初步建立了资源型地区新型城镇化建设风险因素指标体系，如图4-1所示。

图4-1 资源型地区新型城镇化建设风险因素指标体系

一、经济风险影响因素及指标分析与假设

经济风险影响因素主要从经济规模、经济结构、经济效益三个方面共9个指标来反映资源型地区新型城镇化过程中的经济风险。

通常情况下，经济规模越大，城镇化程度越高，为此，本文选取GDP、固定资产投资额和财政收入3个指标来反映地区经济规模。但经济规模又不能完全体现经济发展的质量，因而选择资源产业增加值占GDP比重、接替产业增加值占GDP比重、第三产业增加值占GDP比重3个指标来反映经济结构；选择劳动生产率、产值利税率、资产利税率3个指标反映经济效益。[1][2]

就资源型地区经济规模而言，由于这类地区通常以资源型产业为依托，因此形成了特有的地方性产业结构链条，突出表现为产业单一性和低层次性特征。资源型产业属于典型的上游产业，产业经济和产业结构的成长随市场价格的变化而变化，给区域经济发展带来了难以避免的风险。当资源价格高涨时，资源型产业的高收益立刻会吸引到资金、技术等要素，挤掉了其他产业被扶持的机会；而一旦资源价格下跌，与资源开发相关的初加工产业会立刻受到牵连，资金、技术等要素也将严重短缺，更无力兼顾其他产业的发展，这是资源型经济体在一定时期内的常态表现。而一般情况下，新型城镇化建设的各个方面又都需要巨额资金的投入，需要地方政府雄厚的财力支撑，这种供需矛盾使资源型地区的建设难以持续。无法立竿见影地得到经济回报，将使资源型地区GDP随着资源型产业的衰退而逐年减少。相反，城市接替产业培育、生态环境治理和民众生活保障等方面的支出却将逐渐增

---

[1] 于立，姜春海，于左. 资源枯竭型城市产业转型问题研究[M]. 北京：中国社会科学出版社，2008.

[2] 厉以宁，艾丰，石军. 中国新型城镇化概论[M]. 北京：中国工人出版社，2014：238–239.

多。①②③④那么，财政收入不平衡的压力将逐步增大，如果不能有效地改善资源型地区的经济发展状况，城市运行困难将不断增多，将为新型城镇化建设带来巨大的风险，最终导致新型城镇化建设的夭折。

为了规避资源型产业一家独大可能带来的风险，大力发展接续产业并寻找替代产业，成为大多数资源型地区今后发展中不得不做的选择。初期，由于地方政府发展经济的热情高涨，可能会把一些产值大、税收大的产业和一些国家鼓励的新兴产业作为产业发展的重点。相对同质化产业的选择会导致不同区域间的竞争更加直接，甚至在一定程度上可能会出现恶性竞争，导致地区产业布局混乱，部分产业资源浪费，政府利益受损，企业投资热情消退。因此，选择科学的产业体系，重视接续及替代产业的可持续性、与本地资源和城市发展目标的匹配性等就显得尤为重要。

从区域经济效益方面考虑，资源型行业向来进行粗放生产、粗放经营，从业人员的工作大多为普通的体力劳动，工作技术性相对单一，人员文化水平多为初中及以下，学习新知识的能力不足，导致工业劳动生产率低下，工业劳动力投入的效率低导致经济发展缺乏活力。新增产值、资本投入对社会总福利的贡献程度低导致资本浪费，造成社会总福利提高缓慢。资源型产业对资金、技术、劳动力的占用使得其他产业发展困难，这必然会成为影响新型城镇化建设的不利因素（表4-2）。⑤⑥

—————————

① 张复明. 资源的优势陷阱和资源型经济转型的途径[J]. 中国人口资源与环境，2002，12（4）：8-13.

② 徐君. 资源型城市产业转型风险评估[J]. 统计与决策，2007，（2）：112-114.

③ 张文忠，余建辉，王岱. 中国资源型城市可持续发展研究[M]. 北京：科学出版社，2014：180.

④ 施祖麟，黄治华. "资源诅咒"与资源型地区可持续发展[J]. 中国人口·资源与环境，2009，（5）：354-362.

⑤ 薛冰，王建华. 资源型城市产业转型风险评估的模糊综合模型研究[J]. 资源与产业，2006，8（4）：8-12.

⑥ 于立，姜春海，于左. 资源枯竭型城市产业转型问题研究[M]. 北京：中国社会科学出版社，2008：89-90.

表4-2　资源型地区新型城镇化经济风险指标

风险影响因素	风险指标	指标释义
经济规模	地区GDP增长率	本地区所有常住单位在一定时期内生产活动的最终成果，反映地区经济发展状况
	财政收入完成率	地方政府财政参与社会产品分配所得收入，反映实现政府职能财力保证程度
	固定资产投资额增长率	反映固定资产投资规模、速度、比例关系和使用方向
经济结构	资源产业贡献率	资源产业增加值占GDP比重，反映经济发展的可持续状况
	接替产业贡献率	接续/替代产业增加值占GDP比重，反映经济结构的升级
	第三产业贡献率	第三产业增加值占GDP比重，反映经济结构的转变
经济效益	工业劳动生产率	工业总产值与从业人员数量之比，反映工业劳动力投入的效率
	产值利税率	地区利税总额与全部工业总产值的百分比，反映新增产值对社会总福利的贡献程度
	资产利税率	地区利税总额与资产总额之比，反映资本投入对社会总福利的贡献程度

根据选取的反映地区经济规模的影响因素，对经济风险做如下假设：

H1：地区经济发展落后会造成新型城镇化建设资金不足。

H2：地方财政收入空虚会影响地方政府正常履行职能。

H3：固定资产投资低迷可能影响新型城镇化建设速度。

H4：资源衰退型产业比重过大造成经济发展的不可持续。

H5：接续替代产业发展不成熟，不能成为主导产业，经济结构无法升级。

　　H6：第三产业比重过低，经济结构不合理，导致经济发展缓慢。

　　H7：工业劳动力投入的效率低导致经济发展缺乏活力。

　　H8：新增产值对社会总福利的贡献程度低造成社会总福利提高缓慢。

　　H9：资本投入对社会总福利的贡献程度低导致资本浪费。

二、社会风险影响因素及指标分析与假设

　　综合已有文献中关于城镇化以及新型城镇化建设评价指标体系中的社会因素评价指标，本文从基础设施、基本公共服务和居民生活满意度三个方面共识别了14个指标作为资源型地区新型城镇化社会风险影响因素的风险指标。城市基础设施建设与公共服务体系构建是新型城镇化道路上的两大基石。基础设施是新型城镇化建设的窗口，是衡量新型城镇化建设是否完善的标准。[①]例如供水供暖的不足会影响居民的日常生活；污水与垃圾的处理会影响居民所居住的环境；公共交通是否便捷会影响居民的正常出行；宽带的接入能力会影响居民精神文化生活的质量；综合服务设施的完善与城市居民生活的便利性息息相关；而城市公共服务的质量直接体现了城市的管理水平。能否让居民的后代享受到与城市原住民子女同等质量的教育；能否为失业人员提供专业的职业技能培训以及就业渠道；城市人口与非城市人口能否享受到同样的基本养老保险与医疗保险；城镇保障性住房是否可以满足被城镇化居民的生存需要等，这些都关系到新型城镇化建设的成败，是检验城镇化建设的重要指标。居民生活满意度是衡量城镇化建设成果与质量的试金石，能否保证居民应有的收入水平与消费能力；提高居民的精神文化享受水平；缓解地区的贫富差距，是新型城镇化中对民生改善的最基本要求（表4-3）。

---

① 樊红敏. 城镇化进程中的社会风险[J]. 人民论坛，2011，（327）：29-31.

表4-3　资源型地区新型城镇化社会风险指标

风险影响因素	风险指标	指标释义
基础设施	公交覆盖率	每万人拥有公共汽车数量
	城镇用水普及率	城镇用水普及率
	城镇燃气普及率	城镇燃气普及率
	家庭宽带普及率	城镇家庭宽带覆盖率
	防灾应急设施	消防、防汛、防震、防地面沉降等设施数量
	综合服务设施覆盖率	每万人超市、银行、邮电局、路灯、公共厕所、垃圾桶等数量
基本公共服务	科学教育经费支出占GDP比重	科学教育经费支出占GDP比重
	城镇登记失业率	城镇失业登记人数/城镇登记失业率
	社会保险综合参保率	城镇常住人口基本养老保险、医疗保险以及保障性住房覆盖率
	每千人拥有病床数	每万人拥有医院床位数
	社会性安全事故发生率	安全生产事故发生频率
居民生活满意度	城镇居民人均可支配收入	反映居民生活水平与消费能力
	恩格尔系数	反映居民生活质量与生活水平高低
	基尼系数	反映地区居民内部收入分配差异状况

综上对社会风险进行如下假设：

H10：公共交通不满足需要带来的出行不便。

H11：供水不足影响居民生活质量。

H12：供气不足影响居民生活质量。

H13：宽带覆盖能力不足影响居民精神文化生活质量。

H14：防灾设施缺乏导致社会安全存在隐患。

H15：社区综合服务设施缺失不能满足居民的需要。

H16：教育资源不足导致居民后代不能享受高质量的教育。

H17：失业率高导致居民生活质量下降并影响社会治安。

H18：居民城市基本养老保险、医疗保险、保障性住房覆盖率低，不能满足城市居民的需求。

H19：医疗卫生条件不能满足城市居民的需要。

H20：社会性安全事故频发，造成民众与政府、企业之间矛盾激化。

H21：城市居民人均可支配收入水平低，不能满足消费需求。

H22：城市居民生活水平低，影响生活质量。

H23：地区贫富悬殊，造成居民心理平衡感低。

三、生态风险影响因素及指标分析与假设

参考文献中关于资源型地区可持续发展评价指标体系、产业转型评价指标体系以及新型城镇化评价指标体系中对于生态的要求，本书从资源与环境两个方面，选取了11个指标作为资源型地区新型城镇化生态风险影响因素的风险指标。

资源开发并非一个企业单纯的内部行为，也并非简单的投入—产出现象。资源型地区的生态环境问题伴随着资源开采和利用过程产生。长期以来，由于缺乏正确的生产观念，加之不重视生态环境的修复治理，资源型地区的生态环境受到极大破坏，资源开采与生态环境之间的矛盾日益突出，环境污染的不断加重，生态的失衡，将严重干扰居民的正常生活。[①]由于资源有偿使用制度尚未全面实行，资源型产品价格形成机制仍不完善，资源价格不能反映市场供求状况以及资源的稀缺性。资源产品的生产，意味着资源的大量耗费，资源综合开发水平越低，资源越得不到充分利用，耗竭的速度就

---

① 张文忠，余建辉，王岱. 中国资源型城市可持续发展研究[M]. 北京：科学出版社，2014：180.

越快，严重制约了资源型地区经济与社会的可持续发展。[①]因而，在新型城镇化建设过程中，如果忽视对资源的节约和有效利用，造成资源浪费，最终资源的匮乏将会制约城镇的经济发展，影响新型城镇化建设总体水平的提高。

传统的生产与生活方式使得资源型地区环境状况十分恶劣。传统建筑对材料的耗费，通风与保暖设计得不合理，使得在生活中需要额外消耗大量的能源以满足正常的需求；生活垃圾的胡乱堆放与焚烧毁坏了土壤，污染了空气；对于绿化的忽视一方面降低了环境的美观度，另一方面减少了空气净化的渠道；对环保投入的缺位使得大量的环境问题得不到处理与改善，严重影响到新型城镇化建设质量的提升（表4-4）。

表4-4 资源型地区新型城镇化生态风险指标

风险影响因素	风险指标	指标释义
资源状况	城镇可再生能源消费	可再生能源消费在能源消费中所占比重，反映能源消费结构的升级
	人均可利用资源量	人均水资源量
	森林覆盖率	森林资源占地区面积比重
	万元GDP能耗	单位地区生产总值能源消耗情况
	资源开发利用率	资源产量与所消耗的储量之比率
	资源耗竭期限	资源被继续开发利用的时间

① 贾晓霞，杨乃定. 西部开发项目的区域风险分析与对策[J]. 中国软科学，2003，（3）：110-115.

续表

风险影响因素	风险指标	指标释义
环境状况	城镇绿色建筑占新建建筑比重	城镇绿色建筑占新建建筑比重
	生活垃圾无害化处理率	城市生活垃圾无害化处理率
	建成区绿地率	城市建成区绿地率
	空气质量达标天数	城市空气质量达到国家标准的比例
	环保投入占GDP比重	污染治理投入占GDP比重

综上对生态风险进行如下假设：

H24：城镇可再生能源消费比重低，造成资源过度消耗。

H25：人均可利用资源量过低，不能保证城市居民的正常需求。

H26：森林资源锐减，造成水土流失与生态失衡的恶化。

H27：万元GDP能源消耗量过高，造成能源的浪费与环境的污染。

H28：资源开发利用率低，造成资源的加快枯竭。

H29：资源耗竭期限缩短，加快资源型产业的衰退。

H30：绿色建筑所占比例低，造成资源浪费与环境破坏。

H31：生活垃圾不能及时进行无害化处理影响城市整体环境。

H32：城市绿化覆盖率低，影响城市总体环境。

H33：空气质量达不到国家标准，影响居民身体健康。

H34：环境治理与保护的投入过低，造成环境的加速恶化。

四、管理风险影响因素及指标分析与假设

根据新型城镇化建设评价指标体系以及城镇质量评价指标体系，本书从政策法律和城镇管理两个方面，共选取了6个定性指标作为资源型地区新型城镇化管理风险影响因素的风险指标。

　　在新型城镇化建设过程中，由于相关政策的不完善、法律的缺失，以及实施主体早期规划的缺位可能会使新型城镇化难以顺利进行。就政策法律而言，它所具有的非完备性、不一致性、滞后性特点，会使新型城镇化的建设具有很大的不确定性。资源型地区新型城镇化过程中所面临的政策法律风险是指：其在构建过程中所需法律法规、政策体系的不完善、不配套以及决策过程的不规范；政策或规划出台后，可能会由于各种原因导致政策前后的不一致，也会增加新型城镇化建设失败的风险。此外，由于从政策制定到政策实施需要一段时间，而效果的产生也不是立竿见影，所以如果在制定政策时不能考虑到未来的因素变化，将会给新型城镇化的建设带来很大的不确定性。①②

　　在城镇化管理方面，地方政府应该坚持以人为本、可持续发展的建设与管理理念，但是由于传统的"唯GDP"考核方式的弊端，地方政府受利益的驱动，政府官员谋求个人政绩最大化，往往会将房地产投资作为城镇化的主要着力点，从而引发新一轮的房地产投资热，出现盲目建设的伪城镇化现象。另一个比较大的风险点是，地方政府管理者在行使职权的过程中由于自身素质修养的缺乏，产生以权谋利、因私忘公等贪污腐败行为，造成公共资源的滥用与浪费。③④⑤这些都会成为新型城镇化建设过程中的管理风险（表4-5）。

① 王政辉，路世昌. 资源型城市产业转型风险动态评估的贝叶斯模型研究[J]. 科学技术与工程，2007，7（21）：5732-5735.

② 尹贻林，陈伟珂. 公共政策风险评价与控制系统[J]. 天津大学学报（社会科学版），2000，2（1）：51-55.

③ 王勇. 基于行为主体分析视角的新型城镇化建设风险思考[J]. 特区经济，2014，（10）：176-177.

④ 李红权，张春宇. 政府采购中的腐败风险及其防范[J]. 社会科学家，2010，（4）：82-85.

⑤ 汪大海，南瑞. 新型城镇化背景下的社会管理转型升级[J]. 学术界，2013，（12）：26-33.

表4-5　资源型地区新型城镇化管理风险指标

风险影响因素	风险指标	指标释义
政策法律	政策法律完备性	资源型地区新型城镇化政策法律完善程度
	政策一致性	前后颁布实施的相关政策法律的一致性
	政策时滞	从政策制定到政策颁布实施之间的时滞
城镇管理	管理理念	坚持以人为本、可持续发展、民主法治、政策创新等理念的程度
	管理方式	办事效率和服务质量的满意度、重大事件应对能力、依法行政程度
	管理者素质	新型城镇化建设过程中管理者自身素质高低

综上对管理风险进行如下假设：

H35：相关政策与法律不完善、不配套导致新型城镇化建设无法顺利进行。

H36：政策的出台前后不一致，影响新型城镇化的进展。

H37：政策的制定没有考虑未来的因素变化，增加新型城镇化建设的风险。

H38：城镇管理没有坚持以人为本、可持续发展、民主法治、政策创新等理念，导致城市发展不可持续。

H39：城镇服务型组织办事效率和服务质量的满意度低、重大事件应对能力低、依法行政程度低，阻碍城镇健康发展。

H40：城镇化建设管理者自身素质低下，出现贪污腐败等风险。

综上所述，资源型地区在实现城镇化转型过程中的冲突既在于城市建设的固化考量目标体系，也在于大众、企业对资源型地区的再认识、再定义。本书所构建的资源型地区新型城镇化风险指标体系旨在通过部分关键指标的对比分析，找准资源型地区城镇化建设失衡的关键因素，也是对新型城镇化建设的一次量化分析。

第三节　风险指标实证分析

根据已识别出来的风险因素指标体系，参考已有文献并结合专家的建议，笔者针对每一项风险假设设置了正反两类题目，调查问卷共包括40个题项，问题答案采用李克特五点量表来表示，邀请受访者对风险识别结果的认可程度进行选择。具体问卷详见附录。

问卷的发放对象包括研究新型城镇化、城市转型方面的专家，资源型地区中的大型国有资源型企业以及资源型地区的居民。其中后两类的范围包括陕西榆林的神华集团神东公司、山西大同的大同煤矿集团以及山西太原的晋能集团、内蒙古包头矿业公司下属的共15个矿级单位。问卷的组成为：部分是通过电子邮件的方式进行（主要为相关专家、矿领导及职能部门工作人员），部分为现场走访进行（主要为工人及资源型地区居民）。总计发放问卷300份，回收263份，剔除填写不完整、不符合要求等不合格问卷42份，有效回收率为73.7%。

本次调查的样本基本信息描述：性别比例，男61%，女39%；文化水平，硕士及以上3%，本科及以上6%，大专13%，高中53%，初中及以下25%。

一、风险指标探索性分析

1.信度检验

信度分析是常用于问卷调查分析，评估问卷是否稳定、可靠的有效手段，本研究中也采用了此分析方法以保证所设计问卷科学而且有效。可靠性分析是常用于评估问卷信度的有效手段。信度即为采用相同方法观测同一类对象所得结果（数据）保持一致的概率。测定信度的主要指标有：稳定性、等值性和内部一致性三大类型。

对各类风险影响因素量表的样本数据进行信度检验，经济风险、社会风险、生态风险、管理风险的信度检验Alpha分别为：0.894、0.842、0.809、0.805，每一类风险的量表都有很高的置信度。具体分析如表4-6所示。

表4-6　风险因素识别信度检验Alpha值

风险类别	Cronbach's Alpha	基于标准化项的Cronbach's Alpha	风险因素	项已删除的Cronbach's Alpha值	风险因素	项已删除的Cronbach's Alpha值
经济风险	0.894	0.896	地区GDP增长率	0.907	第三产业贡献率	0.869
			财政收入完成率	0.877	工业劳动生产率	0.874
			固定资产投资额增长率	0.877	产值利税率	0.880
			资源产业贡献率	0.880	资产利税率	0.877
			接替产业贡献率	0.890		
社会风险	0.842	0.839	公交覆盖率	0.827	城镇登记失业率	0.844
			城镇用水普及率	0.820	社会保险综合参保率	0.821
			城镇燃气普及率	0.821	每千人拥有病床数	0.822
			家庭宽带普及率	0.835	社会性安全事故发生率	0.843
			防灾应急设施	0.836	城镇居民人均可支配收入	0.839
			综合服务设施覆盖率	0.833	恩格尔系数	0.830
			科学教育经费支出占GDP比重	0.832	基尼系数	0.839

续表

风险类别	Cronbach's Alpha	基于标准化项的 Cronbach's Alpha	风险因素	项已删除的 Cronbach's Alpha 值	风险因素	项已删除的 Cronbach's Alpha 值
生态风险	0.809	0.815	城镇可再生能源消费	0.804	城镇绿色建筑占新建建筑比重	0.819
			人均可利用资源量	0.776	生活垃圾无害化处理率	0.791
			森林覆盖率	0.775	建成区绿化率	0.798
			万元GDP能耗	0.773	空气质量达标天数	0.801
			资源开发利用率	0.771	环保投入占GDP比重	0.796
			资源耗竭期限	0.774		
管理风险	0.805	0.810	政策法律完备性	0.9777	管理理念	0.779
			政策一致性	0.776	管理方式	0.792
			政策时滞	0.768	管理者素质	0.785

由表4-6可以看出，"政策法律完备性"这一指标删除之后，其所在子量表的Alpha值会从0.81提高到0.9777，有较大提升，因此考虑去除该项。其他指标在删除后，所在子量表的Alpha值不会有太大变化，因此全部予以保留。

2.效度检验

效度是指所设定的测评模型的正确性，是一个可以被准确测定的指标，也是测量必要非充分条件。倘若某一测评不满足信度要求，那么可以判定此测评不满足效度要求；倘若某一测评满足信度要求，却不能直接判定此测评满足效度要求。通常在学术分析中经常运用的效度有：内容效度、效标关联和结构效度三类。根据各效度特征，结合本研究所需，本次分析选择了内容效度工具。内容效度体现的是所设定的测量模型内容的覆盖范畴和广度。本书选择因子分析作为效度分析工具。

对四类风险的有效样本数据进行效度检验，检验结果显示经济风险、社会风险、生态风险、管理风险的KMO值分别为0.891、0.779、0.739、0.779，均达到显著水平（$P=0.000<0.001$），说明四类风险的量表均具有较好的测量效度，并基本适合进行因子分析，具体如表4-7所示。

表4-7　风险指标的公因子方差

风险因素	KMO值	风险指标	初始	提取	风险指标	初始	提取
经济风险	0.891	地区GDP增长率	1.000	0.752	第三产业贡献率	1.000	0.829
		财政收入完成率	1.000	0.686	工业劳动生产率	1.000	0.775
		固定资产投资额增长率	1.000	0.724	产值利税率	1.000	0.660
		资源产业贡献率	1.000	0.447	资产利税率	1.000	0.674
		接替产业贡献率	1.000	0.585			
社会风险	0.779	公交覆盖率	1.000	0.647	城镇登记失业率	1.000	0.902
		城镇用水普及率	1.000	0.791	社会保险综合参保率	1.000	0.457
		城镇燃气普及率	1.000	0.726	每千人拥有病床数	1.000	0.717
		家庭宽带普及率	1.000	0.697	社会性安全事故发生率	1.000	0.727
		防灾应急设施	1.000	0.470	城镇居民人均可支配收入	1.000	0.669
		综合服务设施覆盖率	1.000	0.394	恩格尔系数	1.000	0.631
		科学教育经费支出占GDP比重	1.000	0.669	基尼系数	1.000	0.881

续表

风险因素	KMO值	风险指标	初始	提取	风险指标	初始	提取
生态风险	0.739	城镇可再生能源消费	1.000	0.838	城镇绿色建筑占新建建筑比重	1.000	0.772
		人均可利用资源量	1.000	0.631	生活垃圾无害化处理率	1.000	0.548
		森林覆盖率	1.000	0.764	建成区绿化率	1.000	0.808
		万元GDP能耗	1.000	0.749	空气质量达标天数	1.000	0.820
		资源开发利用率	1.000	0.778	环保投入占GDP比重	1.000	0.300
		资源耗竭期限	1.000	0.780			
政治风险	0.779	政策法律完备性	1.000	0.714	管理理念	1.000	0.837
		政策一致性	1.000	0.637	管理方式	1.000	0.515
		政策时滞	1.000	0.812	管理者素质		

注：提取方法为主成分分析。

样本数据通过效度检验后，运用主成分分析法进行因子分析，对风险指标提取公因子，查看每个指标的因子贡献率。从表4-7可以看出，经济风险中的资源产业风险指标，社会风险中的防灾应急设施、综合服务设施覆盖率、社会保险综合参保率指标，以及生态风险中的环保投入占GDP的比重等的因子贡献率较低，均低于0.5，因此考虑将以上5个风险指标舍去，其余风险指标均予以保留。

其中社会风险因素中的社会保险综合参保率指标虽然对于新型城镇化建设非常重要，但由于资源型地区产业结构的特殊性，城镇居民的国企职工身份使得社会保障水平相对较高，因此这个指标在资源型地区新型城镇化建设过程中与其他指标相比重要性降低。

二、风险指标验证性分析

根据探索性分析所得结果，对余下的34项风险因素进行验证性分析，利用AMOS21.0软件绘制各类风险的测量模型图并根据测量误差的M.I.值对模型进行修正，修正后的四类风险因素标准化估计模型如图4.2至图4.5所示。

1.经济风险形成模型路径图及适配性检验

从图4-2可以看出，修正后的经济风险路径模型不存在负误差方差，标准化估计的因子载荷在0.15～0.93，以0.95为极限值，均符合"违反估计"条件，且经济风险指标的数据通过了正态性检验。

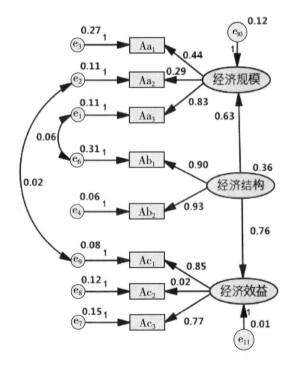

图4-2 经过2次修正后的经济风险路径模型标准化估计图

表4-8为极大似然法估计的回归估计结果，对路径系数进行统计显著

性检验。表中C.R.值是一个Z统计量，用参数估计值除以其标准差可得到C.R.值。将临界比 C.R.的绝对值与1.96进行比较，若大于，那么可以判定参数估计达到0.05显著水平；将其与2.58进行比较，若大于，那么可以判定参数估计达到0.001显著水平。例如，表中第一行"经济结构"潜变量对"经济规模"潜变量的路径系数为0.628，其C.R.值为10.237，相应的P值小于0.001，则可以认为这个路径系数在99.9%的置信度下与0存在显著性差异。表中其他行的P值均小于0.001，说明经济风险路径模型回归估计显著性良好。[①]

表4-8　经济风险形成模型路径系数估计摘要

假设路径			路径系数估计	标准误	C.R.值	P
经济规模	<---	经济结构	0.628	0.061	10.237	***
经济效益	<---	经济结构	0.763	0.057	13.308	***
Aa_3	<---	经济规模	1.000			
Aa_2	<---	经济规模	1.286	0.104	12.420	***
Aa_1	<---	经济规模	0.441	0.079	5.547	***
Ab_2	<---	经济结构	1.000			
Ac_3	<---	经济效益	1.000			
Ac_2	<---	经济效益	1.024	0.083	12.392	***
Ac_1	<---	经济效益	1.125	0.082	13.765	***
Ab_1	<---	经济结构	0.903	0.074	12.145	***

注：***，$P<0.001$；**，$P<0.05$

在依据结构方程理论的检验分析中，模型是否适配主要依据以下几个指标进行判断。

[①] 陈业华，梁丽转. 基于SEM的文化创意产业投融资风险因素研究[J]. 科学决策，2012，（7）：67-80.

（1）绝对适配度指标。旨在判断理论整体模型的共变性程度相对拟合性指标，主要包括代表观测矩阵与理论估计矩阵之间适配性的卡方值，反映潜在变量萃取能力的非统计量值适配度指标GFI、AGFI指标，非中央卡方适配度指标即近似误差均方根（RMSEA），反映模型整体残差情况的RMR指标等。

（2）相对适配度指标。主要包括NFI指标，该指标用来测量独立模型和设定模型之间卡方值的缩小比例；非中央性差异指标CFI，用来克服NFI在嵌套模型上产生的缺失；增值适配指标IFI以及反映预设模型与观测数据整体适配度的NNFI（TLI）指标，这些指标用于对不同理论模型进行比较。

（3）简约适配度指标。包括反映简约规范适配度的指标PGFI，反映简约合理性的指标PNFI，反映信息效果指标PCFI，规范卡方值等。[1]

表4-9为修正后的经济风险路径模型的适配情况，得到的各项指标均符合标准要求。

表4-9　经济风险路径模型整体适配性检验

指标类型	适配指标	标准	指标值	适配性判断
绝对适配度指标	P	$P>0.05$	0.531	适配
	c2	越小越好	14.909	适配
	GFI	>0.90	0.982	适配
	AGFI	>0.90	0.958	适配
	RMR	<0.05	0.011	适配
	RMSEA	<0.05	0	适配
相对适配度指标	NFI	>0.90	0.985	适配
	RFI	>0.90	0.975	适配
	IFI	>0.90	1.001	适配
	TLI	>0.90	1.002	适配
	CFI	>0.90	1	适配

---

[1] 史春云，孙勇，张宏磊，等. 基于结构方程模型的自驾游客满意度研究[J]. 地理研究，2014，（4）：127-134.

指标类型	适配指标	标准	指标值	适配性判断
简约适配 度指标	PGFI	>0.50	0.536	适配
	PNFI	>0.50	0.563	适配
简约适配 度指标	PCFI	>0.50	0.571	适配
	CN	>200	364	适配
	c2/df	<3	0.931	适配
	AIC	构建模型值小于 独立模型值和饱 和模型值	54.909<74.508 54.909<625.315	适配
	CAIC	构建模型值小于 独立模型值和饱 和模型值	141.563<183.471 141.563<779.031	适配

社会、生态及管理风险的验证性检验结果见图4-3至图4-5，表4-10至表4-15。

2.社会风险形成模型路径图及适配性检验

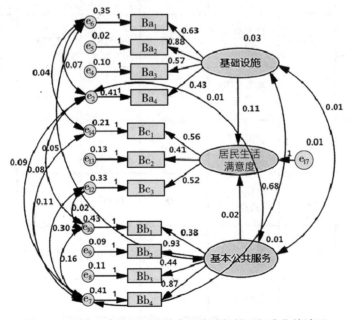

图4-3 经过12次修正后的社会风险路径模型标准化估计图

表4-10　社会风险形成模型路径系数估计摘要

假设路径			路径系数估计	标准误	C.R.值	P
居民生活满意度	<---	基本公共服务	0.682	0.326	2.095	0.036
居民生活满意度	<---	基础设施	0.111	0.076	1.473	0.141
Ba_3	<---	基础设施	1.571	0.928	3.848	***
Ba_2	<---	基础设施	1.977	0.138	3.833	***
Ba_1	<---	基础设施	1.632	0.678	3.882	***
Bb_4	<---	基本公共服务	1.000			
Bb_3	<---	基本公共服务	1.870	0.516	2.333	0.02
Bb_2	<---	基本公共服务	1.925	0.518	2.353	0.019
Bb_1	<---	基本公共服务	0.378	0.334	1.131	***
Bc_3	<---	居民生活满意度	1.000			
Bc_2	<---	居民生活满意度	1.406	0.383	3.185	0.001
Bc_1	<---	居民生活满意度	1.562	0.776	3.301	***
Ba_4	<---	基础设施	1.000			

注：***，$P<0.001$；**，$P<0.05$

表4-11　社会风险路径模型整体适配性检验

指标类型	适配指标	标准	指标值	适配性判断
绝对适配 度指标	P	$P>0.05$	0.538	适配
	c2	越小越好	28.617	适配
	GFI	>0.90	0.975	适配
	AGFI	>0.90	0.945	适配
	RMR	<0.05	0.018	适配
	RMSEA	<0.05	0	适配
相对适配 度指标	NFI	>0.90	0.976	适配
	RFI	>0.90	0.956	适配
	IFI	>0.90	1.001	适配
	TLI	>0.90	1.002	适配
	CFI	>0.90	1	适配
简约适配 度指标	PGFI	>0.50	0.543	适配
	PNFI	>0.50	0.533	适配
	PCFI	>0.50	0.545	适配
	CN	>200	316	适配
	c2/df	<3	0.9539	适配
	AIC	构建模型值小于独 立模型值和饱和模 型值	100.617<144.34 100.617<1023.558	适配
	CAIC	构建模型值小于独 立模型值和饱和模 型值	256.595<337.713 256.595<1643.92	适配

（3）生态风险形成模型路径图及适配性检验

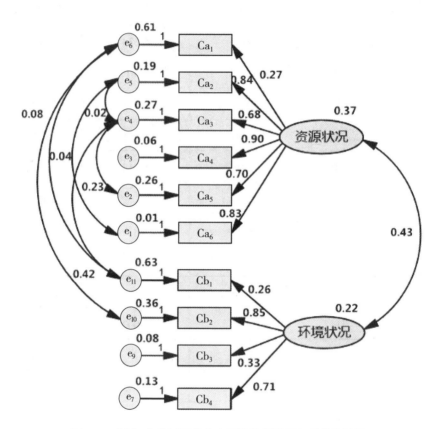

图4-4　经过7次修正后的生态风险路径模型标准化估计图

表4-12　生态风险形成模型路径系数估计摘要

	假设路径		路径系数估计	标准误	C.R.值	P
Ca₆	<---	资源状况	1.000			
Ca₅	<---	资源状况	0.699	0.064	10.974	***
Ca₄	<---	资源状况	0.903	0.044	20.718	***
Ca₃	<---	资源状况	0.681	0.064	10.559	***

续表

假设路径			路径系数估计	标准误	C.R.值	P
Ca_2	<---	资源状况	0.842	0.065	12.961	***
Ca_1	<---	资源状况	0.273	0.069	3.973	***
Cb_4	<---	环境状况	1.000			
Cb_3	<---	环境状况	1.328	0.130	10.239	***
Cb_2	<---	环境状况	0.847	0.108	7.817	***
Cb_1	<---	环境状况	0.256	0.098	2.619	0.009

注：***，$P<0.001$；**，$P<0.05$

表4-13　生态风险路径模型整体适配性检验

指标类型	适配指标	标准	指标值	适配性判断
绝对适配度 指标	P	$P>0.05$	0.176	适配
	c2	越小越好	41.504	适配
	GFI	>0.90	0.965	适配
	AGFI	>0.90	0.932	适配
	RMR	<0.05	0.025	适配
	RMSEA	<0.05	0.033	适配
相对适配度 指标	NFI	>0.90	0.972	适配
	RFI	>0.90	0.954	适配
	IFI	>0.90	0.995	适配
	TLI	>0.90	0.991	适配
	CFI	>0.90	0.995	适配

续表

指标类型	适配指标	标准	指标值	适配性判断
简约适配度指标	PGFI	>0.50	0.597	适配
	PNFI	>0.50	0.601	适配
	PCFI	>0.50	0.615	适配
	CN	>200	242	适配
	c2/df	<3	1.22	适配
	AIC	构建模型值小于独立模型值和饱和模型值	105.504<156.78 105.504<1131.03	适配
	CAIC	构建模型值小于独立模型值和饱和模型值	244.151<311.224 244.151<1351.72	适配

3.管理风险形成模型路径图及适配性检验

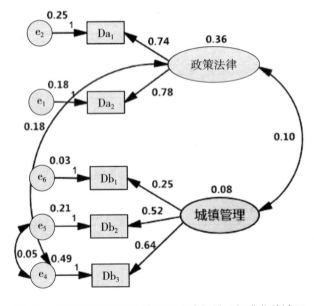

图4-5　经过3次修正后的管理风险路径模型标准化估计图

表4-14 管理风险形成模型路径系数估计摘要

假设路径			路径系数估计	标准误	C.R.值	P
Da$_2$	<---	政策法律	1.000			
Da$_1$	<---	政策法律	0.744	0.097	7.692	***
Db$_3$	<---	城镇管理	1.000			
Db$_2$	<---	城镇管理	1.519	0.276	5.500	***
Db$_1$	<---	城镇管理	1.249	0.495	4.543	***

注：***，$P<0.001$；**，$P<0.05$

表4-15 管理风险路径模型整体适配性检验

指标类型	适配指标	标准	指标值	适配性判断
绝对适配度指标	P	$P>0.05$	0.363	适配
	c2	越小越好	6.566	适配
	GFI	>0.90	0.989	适配
	AGFI	>0.90	0.963	适配
	RMR	<0.05	0.01	适配
	RMSEA	<0.05	0.02	适配
相对适配度指标	NFI	>0.90	0.985	适配
	RFI	>0.90	0.963	适配
	IFI	>0.90	0.999	适配
	TLI	>0.90	0.997	适配
	CFI	>0.90	0.999	适配

续表

指标类型	适配指标	标准	指标值	适配性判断
简约适配度指标	PGFI	>0.50	0.583	适配
	PNFI	>0.50	0.394	适配
	PCFI	>0.50	0.399	适配
	CN	>200	396	适配
	c2/df	<3	1.09	适配
	AIC	构建模型值小于独立模型值和饱和模型值	36.566<54.161 36.566<513.332	适配
	CAIC	构建模型值小于独立模型值和饱和模型值	101.556<151.13 101.556<706.82	适配

第四节　本章小结

本章确定了资源型地区新型城镇化风险识别的方法与原则，通过基于目标导向的风险识别方法，在已有文献中相关指标体系的基础上进行风险识别，识别出与风险分析结果相一致的经济风险、社会风险、生态风险、管理风险四大类共10个风险影响因素，40个风险指标，初步建立了资源型地区新型城镇化风险因素指标体系。通过问卷调查的形式对风险因素指标体系进行实证分析，经过量表的信度检验，剔除了管理风险中"政策法律完备性"这一指标。经过量表的效度检验，剔除了经济风险中"资源产业风险指标"、社会风险中的"防灾应急设施""综合服务设施覆盖率""社会保险综合参保率"风险指标以及生态风险中的"环保投入占GDP比重"风险指标等，指标体系中剩余的34项风险指标通过了验证性检验。但结合专家建议，将经济风险中的资源产业与管理风险中的政策法律完备性两项指标予以保留，最终共有36项风险指标确定为资源型地区新型城镇化建设的风险评价指标。

第五章 资源型地区新型城镇化风险评价

本章确定了资源型地区新型城镇化风险评价方法与流程，利用粗糙集理论计算了风险影响因素与风险指标的权重，对风险指标进行了等级划分，建立了未确知测度风险评价模型，利用Borda序值法对风险管控重要度进行排序。以山西省大同市矿区为实证研究对象，对其进行了风险评价，确定了大同市矿区各类风险中应重点管控的风险影响因素。

第一节　风险评价方法与流程

一、评价方法选择

1.资源型地区新型城镇化风险评价的特征

资源型地区新型城镇化是一个复杂而系统的工程，它不是单纯的城市规模的扩张与城市人口的增加，而是包含了城市基础设施的完善、城市公共服务水平的提高、居民社会角色的转变等。新型城镇化不仅意味着生产方式由粗放向集约转型、生活方式从浪费向环保过渡、居住方式从农村向城镇转移等，更象征着地区产业结构的优化升级、公共服务能力的提升、生态环境的美化、城镇管理方式的变革，地区居民的价值观念也会相应发生变化，最终是整个社会形态的变化，这些转变之中蕴含着大量的不确定性，也是风险存在的主要根源。

2.权重确定方法选择

风险影响因素与风险指标权重的确定会直接影响到最终的评价结果。一般来说，权重的确定可以通过主观和客观两种方法实现。主观方法有专家意见法、德尔菲法等。客观方法有层次分析法、主成分分析法等。本章选择了一种对于权重确定较为新颖的方法——基于粗糙集理论的权重确定方法。粗糙集理论不仅可以实现属性约简，还可以确定属性重要度。本章就是利用粗糙集理论确定属性重要度的功能，结合专家意见法，实现风险影响因素与风险指标权重的确定。

3.评价方法选择

在资源型地区新型城镇化建设评价过程中，不管是何种原因导致的不确定性，都会造成资源型地区新型城镇化风险管理者对资源型地区新型城镇化风险评价系统主观认知上的不确定性。由于风险评价者本身对信息掌握的有限性，使得在评价过程中很难完全掌握各种风险影响因素的真实状态，从而导致评价中存在主观上的未确知性。未确知数学可以有效地解决评价中的不确定性，通过对风险评价中各种未确知信息进行耦合处理，可以获得资源型地区新型城镇化过程中各种风险影响因素的风险度，结合相应的置信度，使评价结果更加具有科学性，可以为资源型地区新型城镇化建设风险防范与控制措施的制定提供科学依据。因此，本章将引入未确知测度法，针对资源型地区新型城镇化建设风险评价的信息不确定性和未确知性问题，建立资源型地区新型城镇化建设未确知评价模型，对资源型地区新型城镇化建设风险进行评价。

二、风险评价流程

根据资源型地区新型城镇化风险评价的特点，结合所选用的评价方法，确定风险评价程序，如图5-1所示。

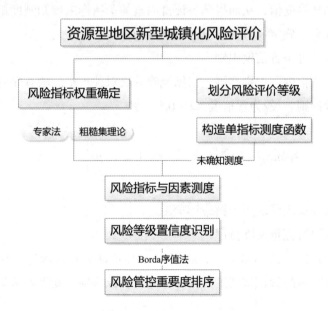

图5-1　资源型地区新型城镇化风险评价流程

从图5-1可以看出，在进行资源型地区新型城镇化风险评价时，应按照下面步骤进行。

（1）确定权重

采用专家意见法，邀请十名专家对资源型地区新型城镇化风险影响因素及风险指标进行初步评价，利用粗糙集理论确定属性重要度的方法分别确定各风险影响因素与风险指标的权重。

（2）划分风险评价等级

根据每个风险指标的特点，结合我国新型城镇化要求以及资源型地区实际情况，对资源型地区新型城镇化风险指标进行等级划分，按照实际情况良好、一般、较差将风险划分为低、中、高三个等级。

（3）构造单指标测度函数

根据资源型地区新型城镇化风险指标等级划分标准，按照极大型指标与极小型指标的不同特点，分别构造每个定量风险指标的单指标测度函数；将定性指标定量化为极大型指标，并构造统一的单指标测度函数。

（4）风险指标与因素测度

根据各指标所构造的未确知测度函数，结合具体的实测值，求出各评价指标的未确知测度值，从而得到各评价因素的单指标未确知测度矩阵，结合风险指标权重，确定风险评价单因素测度向量。

（5）风险等级置信度识别

采用"置信度"识别准则。根据风险等级对评价空间的有序分割，引入置信度评价准则。设λ为置信度，$\lambda \geq 0.5$，令

$$k_0 = \min \left\{ k : \sum_{i=1}^{k} \mu_{il} \geq \lambda, (k=1,2,\ldots,p) \right\} \tag{5.1}$$

判定风险等级状况属于第k_0个等级C_{k_0}。

（6）风险管控重要度排序

在确定风险等级的基础上，利用Borda序值法，对风险等级相同的风险影响因素进行风险管控重要度的排序，确定资源型地区新型城镇化建设风险防范重点。

第二节 风险影响因素及指标权重确定

一、权重确定基本步骤

利用粗糙集理论计算权重的步骤如下：

第一步：初步确定各类风险指标的风险等级。采用专家意见法初步对资源型地区新型城镇化各个风险因素及风险指标的等级进行打分。

第二步：等价类划分。分别按照条件属性和决策属性对论域进行等价类划分。

第三步：属性重要度计算。一个属性在某个属性集合中的重要度等于去掉这个属性后，相对正域的变化程度。变化程度越大重要性越高；反之越低。

第四步：指标权重计算。将各指标的重要度进行归一化处理，得到各指标的权重。

二、风险影响因素权重确定

风险影响因素初步权重确定采用专家意见法，邀请10名资源型城市与新型城镇化研究领域的相关专家学者对我国资源型地区新型城镇化建设总风险以及各风险影响因素风险等级进行打分，以风险影响因素为条件属性，风险等级为决策属性，构建各类风险影响因素的决策表，如表5-1所示。

表5-1中，论域U={1，2，3，…，10}；条件属性T={ A，B，C，D }，其中A为经济风险中的各风险影响因素，B为社会风险中的各风险影响因素，C为生态风险中的各风险影响因素，D为管理风险中的各风险影响因素；决策属性S={d}，d为采用专家意见法初步评价得到的资源型地区新型城镇化风险

的风险等级，决策属性值d = { 低，中，高} = { 1，2，3} 。[①]

表5-1　资源型地区新型城镇化建设风险决策表

论域	条件属性T										决策属性
	A			B			C		D		
序号	Aa	Ab	Ac	Ba	Bb	Bc	Ca	Cb	Da	Db	d
1	3	2	2	2	2	2	2	3	2	2	2
2	2	2	1	2	2	1	2	2	2	2	2
3	3	3	2	3	3	2	3	3	3	3	3
4	1	2	1	2	2	1	2	1	2	2	1
5	2	3	2	3	3	2	3	2	3	3	2
6	3	2	3	3	2	3	2	3	3	2	3
7	2	2	2	2	2	2	2	2	2	2	2
8	3	3	1	3	3	1	3	3	3	2	3
9	3	3	3	2	3	3	2	3	3	3	3
10	3	2	1	3	2	1	2	3	3	2	2

[①] 叶回春. 粗糙集理论在土壤肥力评价指标权重确定中的应用[J]. 中国农业科学，2014，
（4）：710-717.

表5-2 经济风险下的局部分块决策表

论域	条件属性A			决策属性
序号	Aa	Ab	Ac	d
1	3	2	2	2
2	2	2	1	2
3	3	3	2	3
4	1	2	1	1
5	2	3	2	2
6	3	2	3	3
7	2	2	2	2
8	3	3	1	3
9	3	3	3	3
10	3	2	1	2

对表5-2中的数据论域分别按条件属性和决策属性进行等价类划分得：

$$U/IND(A) = \left\{ \begin{array}{l} \{1\},\{2\},\{3\},\{4\},\{5\}, \\ \{6\},\{7\},\{8\},\{9\},\{10\} \end{array} \right\}$$

$$U/IND(D_A) = \left\{ \begin{array}{l} \{1,2,5,7,10\}, \\ \{4\},\{3,6,8,9\} \end{array} \right\}$$

分别依次去掉一个条件属性后的论域等价类划分如下：

$$U/IND(A-Aa) = \left\{ \begin{array}{l} \{1,7\},\{2,4,10\}, \\ \{3,5\},\{6\},\{8\},\{9\} \end{array} \right\}$$

$$U/IND(A-Ab) = \left\{ \begin{array}{l} \{1,3\},\{2\},\{4\},\{5,7\}, \\ \{6,9\},\{8,10\} \end{array} \right\}$$

$$U / IND(A - Ac) = \begin{cases} \{1,6,10\}, \{2,7\}, \\ \{3,8,9\}, \{4\}, \{5\} \end{cases}$$

各条件属性下的决策属性的正域:

$$POS_A(D_A) = \{1,2,3,4,5,6,7,8,9,10\}$$

$$POS_{A-Aa}(D_A) = \{1,6,7,8,9\}$$

$$POS_{A-Ab}(D_A) = \{2,4,5,6,7,9\}$$

$$POS_{A-Ac}(D_A) = \{2,3,4,5,7,8,9\}$$

各条件属性集关于决策属性的近似精度:

$$\gamma_A(D) = \frac{POS_A(D_A)}{|U_A|} = \frac{10}{10}$$

$$\gamma_{A-Aa}(D) = \frac{POS_{A-Aa}(D_A)}{|U_A|} = \frac{5}{10}$$

$$\gamma_{A-Ab}(D) = \frac{POS_{A-Ab}(D_A)}{|U_A|} = \frac{6}{10}$$

$$\gamma_{A-Ac}(D) = \frac{POS_{A-Ac}(D_A)}{|U_A|} = \frac{7}{10}$$

各条件属性关于决策属性的重要度:

$$Sig_D(Aa) = \gamma_A(D) - \gamma_{A-Aa}(D) = \frac{5}{10}$$

$$Sig_D(Ab) = \gamma_A(D) - \gamma_{A-Ab}(D) = \frac{4}{10}$$

$$Sig_D(Ac) = \gamma_A(D) - \gamma_{A-Ac}(D) = \frac{3}{10}$$

经归一化处理，得到 A_a、A_b、A_c 的重要度分别为0.417、0.333、0.25。即经济风险影响因素经济规模、经济结构、经济效益的权重分别为0.417、0.333、0.25。

同理可得，社会风险影响因素基础设施、基本公共服务、居民生活满意度的权重分别为0.35、0.33、0.32；生态风险影响因素资源状况、环境状况的权重分别为0.58、0.42；管理风险影响因素政策法律、城镇管理的权重分别为0.5、0.5。

三、风险指标权重确定

表5-3同样为十位专家打分构成的经济风险决策表，论域U={1, 2, 3, …, 10}，条件属性A={ Aa₁, Aa₂, Aa₃, Ab₁, Ab₂, Ab₃, Ac₁, Ac₂, Ac₃}，A_{ij}为经济风险中的各风险指标。

表5-3　经济风险决策表

| 论域 | 条件属性A | | | | | | | | | 决策属性 |
| | Aa | | | Ab | | | Ac | | | |
序号	Aa₁	Aa₂	Aa₃	Ab₁	Ab₂	Ab₃	Ac₁	Ac₂	Ac₃	d
1	1	2	2	3	2	2	2	1	2	2
2	2	3	2	2	2	1	2	2	2	2
3	3	2	2	3	3	2	3	3	3	3
4	1	2	1	1	2	1	2	2	2	1

续表

| 论域 | 条件属性A | | | | | | | | | 决策属性 |
| | Aa | | | Ab | | | Ac | | | |
序号	Aa$_1$	Aa$_2$	Aa$_3$	Ab$_1$	Ab$_2$	Ab$_3$	Ac$_1$	Ac$_2$	Ac$_3$	d
5	3	3	1	2	3	2	3	2	3	2
6	2	3	3	3	2	3	2	3	3	3
7	2	1	2	2	2	2	2	2	2	2
8	3	3	3	3	3	1	3	3	3	3
9	3	3	3	3	3	3	2	2	2	3
10	2	2	3	3	2	1	2	3	3	2

表5-4　经济规模影响因素下的局部分块决策表

| 论域 | 条件属性Aa | | | 决策属性 |
序号	Aa$_1$	Aa$_2$	Aa$_3$	d
1	1	2	2	2
2	2	3	2	2
3	3	2	2	3
4	1	2	1	1
5	3	3	1	2
6	2	3	3	3
7	2	1	2	2
8	3	3	3	3
9	3	3	2	3
10	2	2	3	2

对表5-4中的数据论域分别按条件属性和决策属性进行等价类划分得：

$$U / IND(Aa) = \begin{cases} \{1\},\{2\},\{3\},\{4\},\{5\}, \\ \{6\},\{7\},\{8\},\{9\},\{10\} \end{cases}$$

$$U / IND(D_{Aa}) = \begin{cases} \{1,2,5,7,10\}, \\ \{4\},\{3,6,8,9\} \end{cases}$$

分别依次去掉一个条件属性后的论域等价类划分如下：

$$U / IND(Aa - Aa_1) = \begin{cases} \{1,3\},\{2,9\},\{4\},\{5\}, \\ \{6,8\},\{7\},\{10\} \end{cases}$$

$$U / IND(Aa - Aa_2) = \begin{cases} \{1\},\{2,7\},\{3,9\},\{4\}, \\ \{5\},\{6,10\},\{8\} \end{cases}$$

$$U / IND(Aa - Aa_3) = \begin{cases} \{1,4\},\{2,6\},\{3\}, \\ \{5,8,9\},\{7\},\{10\} \end{cases}$$

各条件属性下的决策属性的正域：

$$POS_{Aa}(D_{Aa}) = \{1,2,3,4,5,6,7,8,9,10\}$$

$$POS_{Aa-Aa_1}(D_{Aa}) = \{4,5,6,7,8,10\}$$

$$POS_{Aa-Aa_2}(D_{Aa}) = \{1,2,3,4,5,7,8,9\}$$

$$POS_{Aa-Aa_3}(D_{Aa}) = \{3,7,10\}$$

各条件属性集关于决策属性的近似精度：

$$\gamma_{Aa}(D) = \frac{POS_{Aa}(D_{Aa})}{|U_{Aa}|} = \frac{10}{10}$$

$$\gamma_{Aa-Aa_1}(D) = \frac{POS_{Aa-Aa_1}(D_{Aa})}{|U_{Aa}|} = \frac{6}{10}$$

$$\gamma_{Aa-Aa_2}(D) = \frac{POS_{Aa-Aa_2}(D_{Aa})}{|U_{Aa}|} = \frac{8}{10}$$

$$\gamma_{Aa-Aa_3}(D) = \frac{POS_{Aa-Aa_3}(D_{Aa})}{|U_{Aa}|} = \frac{3}{10}$$

各条件属性关于决策属性的重要度：

$$Sig_D(Aa_1) = \gamma_{Aa}(D) - \gamma_{Aa-Aa_1}(D) = \frac{4}{10}$$

$$Sig_D(Aa_2) = \gamma_{Aa}(D) - \gamma_{Aa-Aa_2}(D) = \frac{2}{10}$$

$$Sig_D(Aa_3) = \gamma_{Aa}(D) - \gamma_{Aa-Aa_3}(D) = \frac{7}{10}$$

经归一化处理，得到 Aa_1、Aa_2、Aa_3 的重要度分别为0.307、0.155、0.538。即经济风险影响因素经济规模下的各风险指标：地区GDP增长率、财政收入完成率、固定资产投资额增长率的权重分别为0.307、0.155、0.538。

表5-5 经济结构影响因素下的局部分块决策表

论域	条件属性Ab			决策属性
序号	Ab$_1$	Ab$_2$	Ab$_3$	d
1	3	2	2	2
2	2	2	1	2
3	3	3	2	3
4	1	2	1	1
5	2	3	2	2
6	3	2	3	3
7	2	2	2	2

续表

论域	条件属性Ab			决策属性
序号	Ab₁	Ab₂	Ab₃	d
8	3	3	1	3
9	3	3	3	3
10	3	2	1	2

对表5-5中的数据论域分别按条件属性和决策属性进行等价类划分得：

$$U \, / \, IND(Ab) = \left\{ \begin{array}{l} \{1\},\{2\},\{3\},\{4\},\{5\}, \\ \{6\},\{7\},\{8\},\{9\},\{10\} \end{array} \right\}$$

$$U \, / \, IND(D_{Ab}) = \left\{ \begin{array}{l} \{1,2,5,7,10\}, \\ \{4\},\{3,6,8,9\} \end{array} \right\}$$

分别依次去掉一个条件属性后的论域等价类划分如下：

$$U \, / \, IND(Ab - Ab_1) = \left\{ \begin{array}{l} \{1,7\},\{2,4,10\}, \\ \{3,5\},\{6\},\{8\},\{9\} \end{array} \right\}$$

$$U \, / \, IND(Ab - Ab_2) = \left\{ \begin{array}{l} \{1,3\},\{2\},\{4\},\{5,7\}, \\ \{6,9\},\{8,10\} \end{array} \right\}$$

$$U \, / \, IND(Ab - Ab_3) = \left\{ \begin{array}{l} \{1,6,10\},\{2,7\}, \\ \{3,8,9\},\{4\},\{5\} \end{array} \right\}$$

各条件属性下的决策属性的正域：

$$POS_{Ab}(D_{Ab}) = \{1,2,3,4,5,6,7,8,9,10\}$$

$$POS_{Ab-Ab_1}(D_{Ab}) = \{1,6,7,8,9\}$$

$$POS_{Ab-Ab_2}(D_{Ab}) = \{2,4,5,6,7,9\}$$

$$POS_{Ab-Ab_3}(D_{Ab}) = \{2,3,4,5,7,8,9\}$$

各条件属性集关于决策属性的近似精度：

$$\gamma_{Ab}(D) = \frac{POS_{Ab}(D_{Ab})}{|U_{Ab}|} = \frac{10}{10}$$

$$\gamma_{Ab-Ab_1}(D) = \frac{POS_{Ab-Ab_1}(D_{Ab})}{|U_{Ab}|} = \frac{5}{10}$$

$$\gamma_{Ab-Ab_2}(D) = \frac{POS_{Ab-Ab_2}(D_{Ab})}{|U_{Ab}|} = \frac{6}{10}$$

$$\gamma_{Ab-Ab_3}(D) = \frac{POS_{Ab-Ab_3}(D_{Ab})}{|U_{Ab}|} = \frac{7}{10}$$

各条件属性关于决策属性的重要度：

$$Sig_D(Ab_1) = \gamma_{Ab}(D) - \gamma_{Ab-Ab_1}(D) = \frac{5}{10}$$

$$Sig_D(Ab_2) = \gamma_{Ab}(D) - \gamma_{Ab-Ab_2}(D) = \frac{4}{10}$$

$$Sig_D(Ab_3) = \gamma_{Ab}(D) - \gamma_{Ab-Ab_3}(D) = \frac{3}{10}$$

经归一化处理，得到 Ab_1、Ab_2、Ab_3 的重要度分别为0.417、0.333、0.25。即经济风险影响因素经济结构下的各风险指标：资源产业贡献率、接替产业贡献率、第三产业贡献率的权重分别为0.417、0.333、0.25。

表5-6　经济效益影响因素下的局部分块决策表

论域	条件属性Ac			决策属性
序号	Ac_1	Ac_2	Ac_3	d
1	2	1	2	2
2	2	2	2	2
3	2	3	3	3
4	1	1	2	1
5	3	2	2	2
6	3	3	3	3
7	3	1	2	2
8	3	2	3	3
9	3	3	2	3
10	1	2	3	2

对表5-6中的数据论域分别按条件属性和决策属性进行等价类划分得：

$$U/IND(Ac) = \begin{Bmatrix} \{1\},\{2\},\{3\},\{4\},\{5\}, \\ \{6\},\{7\},\{8\},\{9\},\{10\} \end{Bmatrix}$$

$$U/IND(D_{Ac}) = \begin{Bmatrix} \{1,2,5,7,10\}, \\ \{4\},\{3,6,8,9\} \end{Bmatrix}$$

分别依次去掉一个条件属性后的论域等价类划分如下：

$$U/IND(Ac - Ac_1) = \begin{Bmatrix} \{1,4,7\},\{2,5\}, \\ \{3,6\},\{8,10\},\{9\} \end{Bmatrix}$$

$$U/IND(Ac - Ac_2) = \begin{Bmatrix} \{1,2\},\{3\},\{4\},\{5,7,9\}, \\ \{6,8\},\{10\} \end{Bmatrix}$$

$$U/IND(Ac-Ac_3) = \left\{ \begin{array}{l} \{1\},\{2\},\{3\},\{4\}, \\ \{5,8\},\{6,9\},\{7\},\{10\} \end{array} \right\}$$

各条件属性下的决策属性的正域：

$$POS_{Ac}(D_{Ac}) = \{1,2,3,4,5,6,7,8,9,10\}$$

$$POS_{Ac-Ac_1}(D_{Ac}) = \{2,3,5,6,9\}$$

$$POS_{Ac-Ac_2}(D_{Ac}) = \{1,2,3,4,6,8,10\}$$

$$POS_{Ac-Ac_3}(D_{Ac}) = \{1,2,3,4,6,7,9,10\}$$

各条件属性集关于决策属性的近似精度：

$$\gamma_{Ac}(D) = \frac{POS_{Ac}(D_{Ac})}{|U_{Ac}|} = \frac{10}{10}$$

$$\gamma_{Ac-Ac_1}(D) = \frac{POS_{Ac-Ac_1}(D_{Ac})}{|U_{Ac}|} = \frac{5}{10}$$

$$\gamma_{Ac-Ac_2}(D) = \frac{POS_{Ac-Ac_2}(D_{Ac})}{|U_{Ac}|} = \frac{7}{10}$$

$$\gamma_{Ac-Ac_3}(D) = \frac{POS_{Ac-Ac_3}(D_{Ac})}{|U_{Ac}|} = \frac{8}{10}$$

各条件属性关于决策属性的重要度：

$$Sig_D(Ac_1) = \gamma_{Ac}(D) - \gamma_{Ac-Ac_1}(D) = \frac{5}{10}$$

$$Sig_D(Ac_2) = \gamma_{Ac}(D) - \gamma_{Ac-Ac_2}(D) = \frac{3}{10}$$

$$Sig_D(Ac_3) = \gamma_{Ac}(D) - \gamma_{Ac-Ac_3}(D) = \frac{2}{10}$$

经归一化处理，得到Ac_1、Ac_2、Ac_3的重要度分别为0.5、0.3、0.2，即经济风险影响因素经济效益下的各风险指标：工业劳动生产率、产值利税率、资产利税率的权重分别为0.5、0.3、0.2。

同理可得，社会风险影响因素基础设施下的各风险指标：公交覆盖率、城镇用水普及率、城镇燃气普及率、家庭宽带普及率的权重分别为0.375、0.25、0.125、0.25。社会风险影响因素基本公共服务下的各风险指标：科学教育经费支出占财政支出比重、城镇登记失业率、每千人拥有病床数、煤炭生产百万吨死亡率的权重分别为0.286、0.143、0.143、0.428。社会风险影响因素居民生活满意度下的各风险指标：城镇居民人均可支配收入、恩格尔系数、基尼系数的权重分别为0.461、0.154、0.385。

生态风险影响因素资源状况下的各风险指标：城镇可再生能源消费比重、人均水资源量、森林覆盖率、万元GDP能耗降低率、煤炭资源回采率、优质煤耗竭期限的权重分别为0.154、0.154、0.154、0.154、0.23、0.154。生态风险影响因素环境状况下的各风险指标：城镇绿色建筑占新建建筑比重、生活垃圾无害化处理率、建成区绿地率、空气质量达标天数的权重分别为0.416、0.167、0.167、0.25。

管理风险影响因素政策法律下的各风险指标：政策法律完备性、政策一致性、政策时滞的权重分别为0.429、0.214、0.357。管理风险影响因素城镇管理下的各风险指标：管理理念、管理方式、管理者素质的权重分别为0.333、0.417、0.25。

第三节 未确知测度风险评价模型

一、风险评价等级划分

根据《国家新型城镇化规划（2014—2020年）》《全国资源型城市可持续发展规划（2013—2020年）》等规划标准，结合专家意见对各指标风险评价等级进行划分，具体见表5-7至表5-10。

表5-7 经济风险评价指标等级划分

风险影响因素	评价指标	单位	属性	分级标准	取值范围	风险大小
经济规模	地区GDP增长率	%	逆	经济发展状况良好	>8	低
				经济发展状况一般	$4<x<8$	中
				经济发展状况较差	<4	高
	财政收入完成率	%	逆	财政收入完成良好	>100	低
				财政收入完成较好	$80<x<100$	中
				财政收入完成差	<80	高
	固定资产投资增长率	%	逆	政府职能财力良好	>20	低
				政府职能财力一般	$15<x<20$	中
				政府职能财力较差	<15	高
经济结构	资源产业贡献率	%	正	经济发展可持续状况良好	<30	低
				经济发展可持续状况一般	$30<x<50$	中
				经济发展可持续状况较差	>50	高

续表

风险影响因素	评价指标	单位	属性	分级标准	取值范围	风险大小
经济结构	接替产业贡献率	%	逆	经济结构升级状况良好	>20	低
				经济结构升级状况一般	10<x<20	中
				经济结构升级状况较差	<10	高
	第三产业贡献率	%	逆	经济结构转变状况良好	>50	低
				经济结构转变状况一般	30<x<50	中
				经济结构转变状况较差	<30	高
经济效益	工业劳动生产率	万元	逆	工业劳动力投入效率较高	>5	低
				工业劳动力投入效率一般	3<x<5	中
				工业劳动力投入效率较低	<3	高
	产值利税率	%	逆	新增产值对社会总福利贡献较高	>10	低
				新增产值对社会总福利贡献一般	x<5<10	中
				新增产值对社会总福利贡献较低	<5	高
	资产利税率	%	逆	资本投入对社会总福利贡献较高	>5	低
				资本投入对社会总福利贡献一般	3<x<5	中
				资本投入对社会总福利贡献较低	<3	高

表5-8 社会风险评价指标等级划分

风险影响因素	评价指标	指标单位	指标属性	分级标准	取值范围	风险大小
基础设施	公交覆盖率	%	逆	公共交通满足居民出行能力良好	>80	低
				公共交通满足居民出行能力一般	60<x<80	中
				公共交通满足居民出行能力较差	<60	高
	城镇用水普及率	%	逆	供水满足居民生活需要能力良好	>85	低
				供水满足居民生活需要能力一般	60<x<85	中
				供水满足居民生活需要能力较差	<60	高
	城镇燃气普及率	%	逆	供气满足居民生活需要能力良好	>85	低
				供气满足居民生活需要能力一般	60<x<85	中
				供气满足居民生活需要能力较差	<60	高
	家庭宽带普及率	%	逆	家庭宽带覆盖率较高	>70	低
				家庭宽带覆盖率一般	50<x<70	中
				家庭宽带覆盖率较低	<50	高
基本公共服务	科学教育经费支出占财政支出比重	%	逆	教育资源满足居民后代受教育能力良好	>3	低
				教育资源满足居民后代受教育能力一般	1.5<x<3	中
				教育资源满足居民后代受教育能力较差	<1.5	高

续表

风险影响因素	评价指标	指标单位	指标属性	分级标准	取值范围	风险大小
基本公共服务	城镇登记失业率	%	正	居民就业状况良好	<4	低
				居民就业状况一般	4<x<5	中
				居民就业状况较差	<5	高
	每千人拥有病床数	张	逆	医疗卫生条件满足居民需要能力良好	>5	低
				医疗卫生条件满足居民需要能力一般	3<x<5	中
				医疗卫生条件满足居民需要能力较差	<3	高
	煤炭生产百万吨死亡率	%	正	煤矿生产安全状况良好	<0.1	低
				煤矿生产安全状况一般	0.1<x<0.3	中
				煤矿生产安全状况较差	<0.3	高
居民生活满意度	城镇居民人均可支配收入	万元	逆	居民消费能力较高	>3	低
				居民消费能力一般	2<x<3	中
				居民消费能力较低	<2	高
	恩格尔系数	%	正	居民生活水平较高	<30	低
				居民生活水平一般	30<x<50	中
				居民生活水平较低	>50	高
	基尼系数	%	正	地区贫富差距较小	<0.4	低
				地区贫富差距一般	0.5<x<0.4	中
				地区贫富差距较大	>0.5	高

表5-9　生态风险评价指标等级划分

风险影响因素	评价指标	单位	属性	分级标准	取值范围	风险大小
资源状况	城镇可再生能源消费比重	%	逆	能源消费结构合理	>8.5	低
				能源消费结构一般	7<x<8.5	中
				能源消费结构较差	<7	高
	人均水资源量	立方米	逆	人均水资源较丰富	>500	低
				人均水资源较少	300<x<500	中
				人均水资源不足	<300	高
	森林覆盖率	%	逆	地区生态平衡状况较好	>40	低
				地区生态平衡状况一般	30<x<40	中
				地区生态平衡状况较差	<30	高
	万元GDP能耗降低率	%	正	经济发展资源消耗降低较快	>15	低
				经济发展能源消耗降低一般	10<x<15	中
				经济发展能源消耗降低较慢	<10	高
	煤炭资源回采率	%	逆	资源开发利用较充分	70>	低
				资源开发利用一般	50<x<70	中
				资源开发利用不充分	<50	高
	优质煤耗竭期限	年	逆	资源型产业衰退较慢	>50	低
				资源型产业衰退一般	30<x<50	中
				资源型产业衰退较快	<30	高

风险影响因素	评价指标	单位	属性	分级标准	取值范围	风险大小
环境状况	城镇绿色建筑占新建建筑比重	%	逆	新增建筑环保程度较高	>30	低
				新增建筑环保程度一般	$20<x<30$	中
				新增建筑环保程度较低	<20	高
	生活垃圾无害化处理率	%	逆	生活垃圾处理能力良好	>90	低
				生活垃圾处理能力一般	$70<x<90$	中
				生活垃圾处理能力较差	<70	高
	建成区绿地率	%	逆	地区绿化程度较高	>37	低
				地区绿化程度一般	$30<x<37$	中
				地区绿化程度较低	<30	高
	空气质量达标天数	天	逆	地区空气环境质量较好	>320	低
				地区空气环境质量一般	$280<x<320$	中
				地区空气环境质量较差	<280	高

139

表5-10　管理风险评价指标等级划分

风险影响因素	评价指标	风险大小	分级标准	分数范围
政策法律	政策法律完备性	低	政策法律完善程度良好	<1
		中	政策法律完善程度一般	$1<x<5$
		高	政策法律完善程度较差	>5
	政策一致性	低	前后颁布实施的相关政策法律的一致性良好	<1
		中	前后颁布实施的相关政策法律的一致性一般	$1<x<5$
		高	前后颁布实施的相关政策法律的一致性较差	>5
	政策时滞	低	从政策制定到政策颁布实施之间的时滞较短	<1
		中	从政策制定到政策颁布实施之间的时滞一般	$1<x<5$
		高	从政策制定到政策颁布实施之间的时滞较长	>5
城镇管理	管理理念	低	坚持以人为本、可持续发展、民主法治、政策创新等理念的程度较高	<1
		中	坚持以人为本、可持续发展、民主法治、政策创新等理念的程度一般	$1<x<5$
		高	坚持以人为本、可持续发展、民主法治、政策创新等理念的程度较低	>5
	管理方式	低	办事效率和服务质量的满意度、重大事件应对能力、依法行政程度较好	<1
		中	办事效率和服务质量的满意度、重大事件应对能力、依法行政程度一般	$1<x<5$
		高	办事效率和服务质量的满意度、重大事件应对能力、依法行政程度较差	>5
	管理者素质	低	管理者自身素质较好	<1
		中	管理者自身素质一般	$1<x<5$
		高	管理者自身素质较差	>5

二、未确知测度函数构造

评价指标的未确知测度函数构造用未确知集合描述"不确定性"现象时，关键在于构造合理的未确知测度函数。定义中虽然明确了构造未确知测度需要满足的准则，但并没有给出具体的构造方法。下面列举几种常用的未确知测度函数的构造方法，如图5-2（a）~（d）所示。

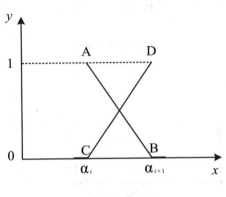

(a)　直线型分布

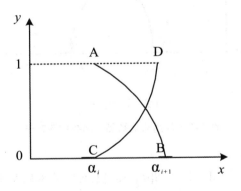

(b)　抛物线型分布

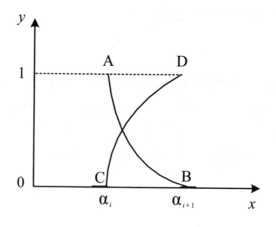

(c)　指数型分布

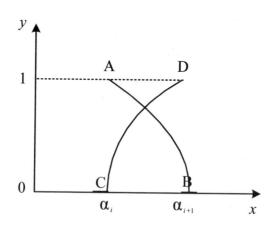

(d)　正弦分布

图5-2　常用未确知测定函数构造方法

与图5-2（a）~（d）在区间[α_i，α_{i+1}]上对应的未确知测度函数的表达式分别为：

（1）直线型分布

$$\begin{cases} \mu_i(x) = \begin{cases} \dfrac{-x}{\alpha_{i+1} - \alpha_i} + \dfrac{\alpha_{i+1}}{\alpha_{i+1} - \alpha_i} & \alpha_i < x \leq \alpha_{i+1} \\ 0 & x > \alpha_{i+1} \end{cases} \\ \mu_i(x) = \begin{cases} 0 & x \leq \alpha_i \\ \dfrac{-x}{\alpha_{i+1} - \alpha_i} + \dfrac{\alpha_{i+1}}{\alpha_{i+1} - \alpha_i} & \alpha_i < x \leq \alpha_{i+1} \end{cases} \end{cases} \qquad (5.2)$$

（2）抛物线型分布

$$\begin{cases} \mu_{i+1}(x) = \begin{cases} 0 & x \leq \alpha_i \\ \left(\dfrac{x - \alpha_i}{\alpha_{i+1} - \alpha_i}\right)^2 & \alpha_i < x \leq \alpha_{i+1} \end{cases} \\ \mu_i(x) = \begin{cases} 1 - \left(\dfrac{x - \alpha_i}{\alpha_{i+1} - \alpha_i}\right)^2 & \alpha_i < x \leq \alpha_{i+1} \\ 0 & x > \alpha_{i+1} \end{cases} \end{cases} \qquad (5.3)$$

（3）指数型分布

$$\begin{cases} \mu_i(x) = \begin{cases} 1 - \dfrac{1 - e^{x - \alpha_i}}{1 - e^{\alpha_{i+1} - \alpha_i}} & \alpha_i < x \leq \alpha_{i+1} \\ 0 & x > \alpha_{i+1} \end{cases} \\ \mu_{i+1}(x) = \begin{cases} 0 & x \leq \alpha_i \\ \dfrac{1 - e^{x - \alpha_i}}{1 - e^{\alpha_{i+1} - \alpha_i}} & \alpha_i < x \leq \alpha_{i+1} \end{cases} \end{cases} \qquad (5.4)$$

（4）正弦分布

$$
\begin{cases}
\mu_i(x) = \begin{cases} \dfrac{1}{2} - \dfrac{1}{2}\sin\dfrac{\pi}{\alpha_{i+1}-\alpha_i}\left(x - \dfrac{\alpha_{i+1}-\alpha_i}{2}\right) & \alpha_i < x \leqslant \alpha_{i+1} \\ 0 & x > \alpha_{i+1} \end{cases} \\
\mu_{i+1}(x) = \begin{cases} 0 & x \leqslant \alpha_i \\ \dfrac{1}{2} + \dfrac{1}{2}\sin\dfrac{\pi}{\alpha_{i+1}-\alpha_i}\left(x - \dfrac{\alpha_{i+1}-\alpha_i}{2}\right) & \alpha_i < x \leqslant \alpha_{i+1} \end{cases}
\end{cases}
\tag{5.5}
$$

在上述各函数表达式中，$\mu_i(x)$在点α_i左半区上的值取0，在区间$[\alpha_{i+1}, \alpha_{i+2}]$上与$\mu_{i+1}(x)$在$[\alpha_{i+1}, \alpha_{i+2}]$上的图像相同；$\mu_{i+1}(x)$在$[\alpha_{i-1}, \alpha_i]$上的图像与$\mu_i(x)$在$[\alpha_i, \alpha_{i+1}]$上的图像相同，$\mu_{i+1}(x)$在$\alpha_{i+1}$右半区间上取值为0。

直线型未确知测度函数是应用最广、最简单的测度函数，在各个领域方面均得到了广泛应用，故本章采用直线型未确知测度函数。现对定量指标和定性指标分别进行讨论。

（1）定量指标测度函数构造

在本章选取的资源型地区新型城镇化风险评价指标中，有些指标数值越小，风险越高，如地区GDP增长率、第三产业贡献率等，这些指标称为极小型风险指标；有些指标数值越大，风险越高，如资源型产业贡献率、城镇登记失业率等，这些指标称为极大型风险指标。下面将分别计算极小型风险指标和极大型风险指标的隶属度函数。

在资源型地区新型城镇化风险评价中，评价等级取低、中、高三个等级，构造了未确知测度评价模型的评价空间$\{C_1, C_2, C_3\}$，其中，$C_1 = \{低风险\}$，$C_2 = \{中等风险\}$，$C_3 = \{高风险\}$。

在本章中，极小型风险指标风险表达式为：

$$
\begin{cases}
x_i \in c_1 & x > b \\
x_i \in c_2 & a < x \leqslant b \\
x_i \in c_3 & x \leqslant a
\end{cases}
\tag{5.6}
$$

极大型指标为：

$$\begin{cases} x_i \in c_1 & x < a \\ x_i \in c_2 & a \leqslant x < b \\ x_i \in c_3 & x \geqslant b \end{cases} \qquad (5.7)$$

根据直线性未确知测度函数构造方法，经过计算，得到极小型指标的测度函数如公式（5.8）与图5-3所示。

$$\begin{cases} \mu(x \in c_1) = \begin{cases} 0 & x < \dfrac{a+b}{2} \\ \dfrac{2x-a-b}{b-a} & \dfrac{a+b}{2} < x < b \\ 1 & x \geqslant b \end{cases} \\[3em] \mu(x \in c_2) = \begin{cases} 0 & x < a \text{或} x \geqslant b \\ \dfrac{2x-2a}{b-a} & a \leqslant x < \dfrac{a+b}{2} \\ \dfrac{2b-2x}{b-a} & \dfrac{a+b}{2} \leqslant x < b \end{cases} \\[3em] \mu(x \in c_3) = \begin{cases} 1 & x < a \\ \dfrac{a+b-2x}{b-a} & a \leqslant x < \dfrac{a+b}{2} \\ 0 & x \geqslant \dfrac{a+b}{2} \end{cases} \end{cases} \qquad (5.8)$$

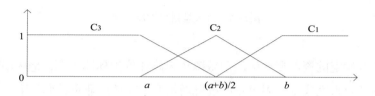

图5-3　极小型指标测度函数

公式（5.9）与图5-4所示极大型指标的测度函数为：

$$
\begin{cases}
\mu(x \in c_1) = \begin{cases} 1 & x < a \\ \dfrac{a+b-2x}{b-a} & a \leqslant x < \dfrac{a+b}{2} \\ 0 & x \geqslant \dfrac{a+b}{2} \end{cases} \\
\mu(x \in c_2) = \begin{cases} 0 & x < a\,或\,x \geqslant b \\ \dfrac{2x-2a}{b-a} & a \leqslant x < \dfrac{a+b}{2} \\ \dfrac{2b-2x}{b-a} & \dfrac{a+b}{2} \leqslant x < b \end{cases} \\
\mu(x \in c_3) = \begin{cases} 0 & x < \dfrac{a+b}{2} \\ \dfrac{2x-a-b}{b-a} & \dfrac{a+b}{2} \leqslant x < b \\ 1 & x \geqslant b \end{cases}
\end{cases}
\tag{5.9}
$$

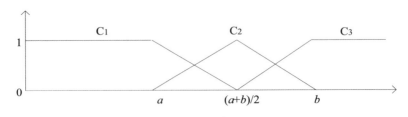

图5-4　极大型指标测度函数

本章确定的资源型地区新型城镇化风险评价指标体系中，地区GDP增长率、财政收入完成率、固定资产投资增长率与接替产业贡献率、第三产业贡献率、工业劳动生产率、产值利税率、资产利税率、公交覆盖率、城镇用水普及率、城镇燃气普及率、家庭宽带普及率、科学教育经费支出占GDP比重、每千人拥有病床数、城镇居民人均可支配收入、城镇可再生能源消费、人均可利用资源量、森林覆盖率、资源开发利用率、资源耗竭期限、城镇绿色建筑占新建建筑比重、建成区绿地率、空气质量达标天数、生活垃圾无害化处理率为极小型指标；资源产业贡献率、城镇登记失业率、煤炭生产百万吨死亡率、恩格尔系数、基尼系数、万元GDP能耗为极大型指标。

　　根据上述内容绘制各风险指标的单指标测度函数，如图5-5至图5-7所示。

　　①经济风险指标单指标测度函数，如图5-5（a）～（i）所示。

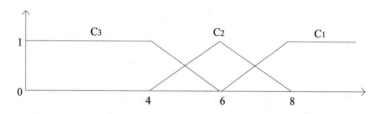

（a）地区GDP增长率单指标测度函数

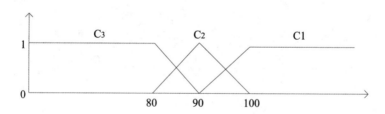

（b）财政收入完成率单指标测度函数

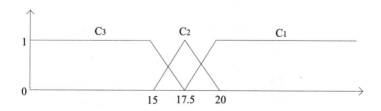

（c）固定资产投资增长率单指标测度函数

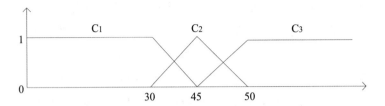

（d） 资源产业贡献率单指标测度函数

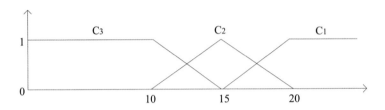

（e） 接替产业贡献率单指标测度函数

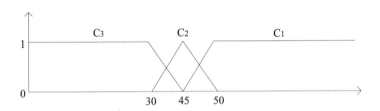

（f） 第三产业贡献率单指标测度函数

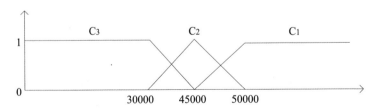

（g） 工业劳动生产率单指标测度函数

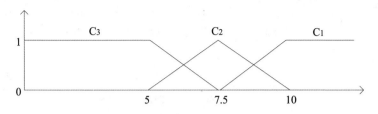

（h）产值利税率单指标测度函数

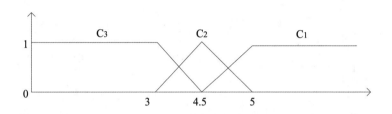

（i）资产利税率单指标测度函数

图5-5　经济风险指标单指标测试函数

②社会风险指标单指标测度函数，如图5-6（a）~（k）所示。

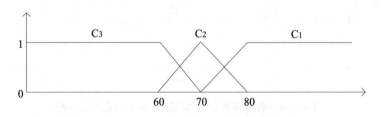

（a）公交覆盖率单指标测度函数

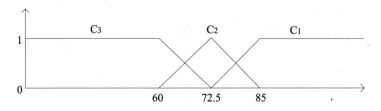

（b）城镇用水普及率单指标测度函数

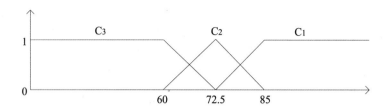

（c）城镇燃气普及率单指标测度函数

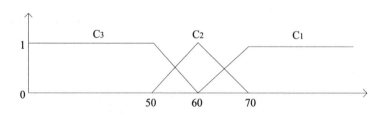

（d）家庭宽带普及率单指标测度函数

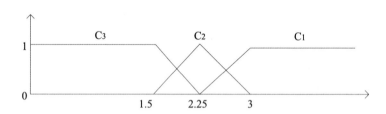

（e）科学教育经费支出与GDP比重单指标测度函数

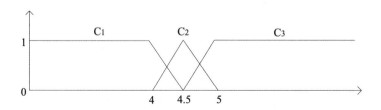

（f）城镇登记失业率单指标测度函数

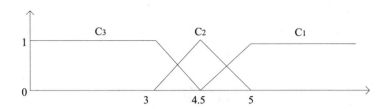

（g）每千人拥有病床数单指标测度函数

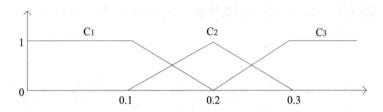

（h）煤炭生产百万吨死亡率单指标测度函数

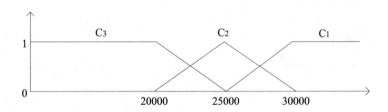

（i）城镇居民人均可支配收入单指标测度函数

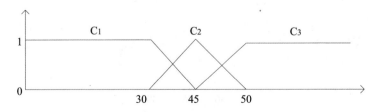

（j）恩格尔系数单指标测度函数

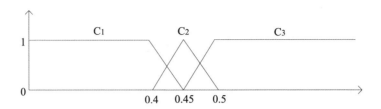

（k）基尼系数单指标测度函数

图5-6 社会风险指标单指标测试函数

③生态风险指标单指标测度函数，如图5-7（a）~（j）所示。

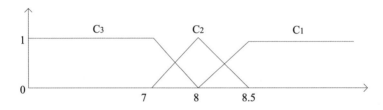

（a）城镇可再生能源消费单指标测度函数

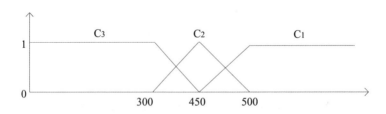

（b）人均水资源量单指标测度函数

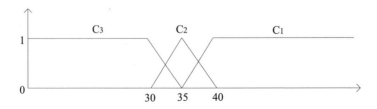

（c）森林覆盖率单指标测度函数

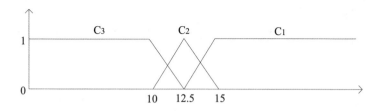

（d） 万元GDP能耗单指标测度函数

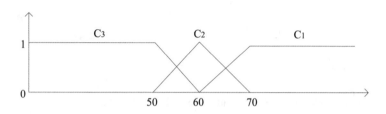

（e） 煤炭资源回采率单指标测度函数

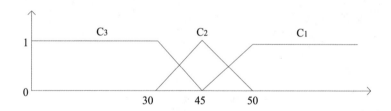

（f） 优质资源耗竭期限单指标测度函数

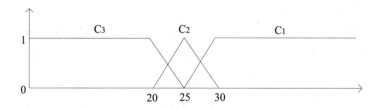

（g） 城镇绿色建筑占新建建筑比重单指标测度函数

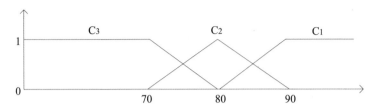

（h）　生活垃圾处理率单指标测度函数

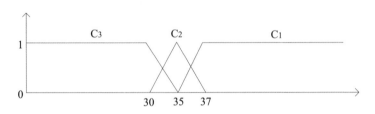

（i）　建成区绿地率单指标测度函数

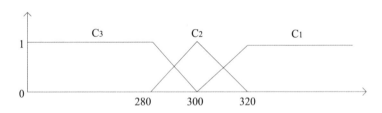

（j）　空气质量达标天数单指标测度函数

图5-7　生态风险指标单指标测试函数

（2）定性指标测度函数构造

本章所选的定性指标主要是管理类风险影响因素的各风险指标，具体包括政策法律完备性、政策一致性、政策时滞、管理理念、管理方式、管理者素质，本章通过分级标准量化法对上述定性指标进行了量化处理，并按照数值1-3-5进行了赋值，公式（5.10）与图5-8所示定性指标的测度函数为：

$$\begin{cases} \mu(x \in c_1) = \begin{cases} 1 & x < 1 \\ \dfrac{3-x}{2} & 1 \leqslant x < 3 \\ 0 & x \geqslant 3 \end{cases} \\ \mu(x \in c_2) = \begin{cases} 0 & x < 1 \text{或} x \geqslant 5 \\ \dfrac{x-1}{2} & 1 \leqslant x < 3 \\ \dfrac{5-x}{2} & 3 \leqslant x < 5 \end{cases} \\ \mu(x \in c_1) = \begin{cases} 0 & x < 3 \\ \dfrac{x-3}{2} & 3 \leqslant x < 5 \\ 1 & x \geqslant 5 \end{cases} \end{cases} \quad (5.10)$$

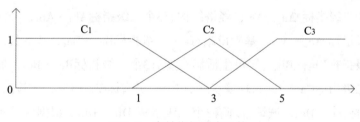

图5-8　定性指标测度函数

三、风险指标与因素测度

1.风险评价单指标测度矩阵

根据前文资源型地区新型城镇化风险评价指标体系的递阶层次结构，资源型地区新型城镇化风险评价指标体系包括四类风险，每类风险由各自的风险影响因素构成，每个风险影响因素都是相对独立的整体，因此资源型地区新型城镇化风险评价指标体系中每个风险影响因素都可以作为一个对象进行评价。这些风险影响因素就构成了资源型地区新型城镇化风险评价的未确知测度模型的评价空间，记为 X：

$$X = \{ A, B, C, D\} \qquad （5.11）$$

其中，A、B、C、D分别表示经济风险、社会风险、生态风险、管理风险。经济风险包含三个风险影响因素：经济规模、经济结构、经济效应，分别表示为Aa、Ab、Ac；社会风险的三个风险影响因素：基础设施、基本公共服务、居民生活满意度，分别为Ba、Bb、Bc；生态风险的两个风险影响因素：资源状况、环境状况，分别为Ca、Cb；管理风险的两个风险影响因素：政策法律、城镇管理，分别为Da、Db。

在用层次分析法划分的风险指标体系的层次结构中，各类因素均包含二级指标，经过本书第四章对风险指标的探索性检验与验证性检验，并结合专家意见，最终保留的各风险影响因素所包含的风险指标数量如下：经济规模含有3个二级指标 $Aa_1 \sim Aa_3$，经济结构有3个二级指标 $Ab_1 \sim Ab_3$，经济效益有3个二级指标 $Ac_1 \sim Ac_3$；基础设施有4个二级指标 $Ba_1 \sim Ba_4$，基本公共服务有4个二级指标 $Bb_1 \sim Bb_4$，居民生活满意度有3个二级指标 $Bc_1 \sim Bc_3$；资源状况有6个二级指标 $Ca_1 \sim Ca_6$，环境状况有4个二级指标 $Cb_1 \sim Cb_4$；政策法律有3个二级指标 $Da_1 \sim Da_3$，城镇管理有3个二级指标 $Db_1 \sim Db_3$。根据统计年鉴和相关资料，找到各风险指标的实测值，按照各评价指标的分级标准得出各类风险影响因素的36个评价指标的测量值，分别为：

$Aa = \{Aa_1, \ Aa_2, \ Aa_3\}$

$Ab = \{Ab_1, \ Ab_2, \ Ab_3\}$

$Ac = \{Ac_1, \ Ac_2, \ Ac_3\}$

$Ba = \{Ba_1, \ Ba_2, \ Ba_3, \ Ba_4\}$

$Bb = \{Bb_1, \ Bb_2, \ Bb_3, \ Bb_4\}$

$Bc = \{Bc_1, \ Bc_2, \ Bc_3\}$

$Ca = \{Ca_1, \ Ca_2, \ Ca_3, \ Ca_4, \ Ca_5, \ Ca_6\}$

$Cb = \{Cb_1, \ Cb_2, \ Cb_3, \ Cb_4\}$

Da={Da$_1$，Da$_2$，Da$_3$}

Db={Db$_1$，Db$_2$，Db$_3$}

根据各指标未确知测度函数和实测值求出各评价指标的未确知测度值，从而得到各风险影响因素的单指标未确知测度矩阵，分别为：

$$S_{Aa} = \left(A_{ajk}\right)_{3\times3} = \begin{bmatrix} Aa_{11} & Aa_{12} & Aa_{13} \\ Aa_{21} & Aa_{22} & Aa_{23} \\ Aa_{31} & Aa_{32} & Aa_{33} \end{bmatrix}$$

$$S_{Ab} = \left(A_{bjk}\right)_{3\times3} = \begin{bmatrix} Ab_{11} & Ab_{12} & Ab_{13} \\ Ab_{21} & Ab_{22} & Ab_{23} \\ Ab_{31} & Ab_{32} & Ab_{33} \end{bmatrix}$$

$$S_{Ac} = \left(A_{cjk}\right)_{3\times3} = \begin{bmatrix} Ac_{11} & Ac_{12} & Ac_{13} \\ Ac_{21} & Ac_{22} & Ac_{23} \\ Ac_{31} & Ac_{32} & Ac_{33} \end{bmatrix}$$

$$S_{Ba} = \left(B_{ajk}\right)_{4\times3} = \begin{bmatrix} Ba_{11} & Ba_{12} & Ba_{13} \\ Ba_{21} & Ba_{22} & Ba_{23} \\ Ba_{31} & Ba_{32} & Ba_{33} \\ Ba_{41} & Ba_{42} & Ba_{43} \end{bmatrix}$$

$$S_{Bb} = \left(B_{bjk}\right)_{4\times3} = \begin{bmatrix} Bb_{11} & Bb_{12} & Bb_{13} \\ Bb_{21} & Bb_{22} & Bb_{23} \\ Bb_{31} & Bb_{32} & Bb_{33} \\ Bb_{41} & Bb_{42} & Bb_{43} \end{bmatrix}$$

$$S_{Bc} = \left(B_{cjk}\right)_{4\times3} = \begin{bmatrix} Bc_{11} & Bc_{12} & Bc_{13} \\ Bc_{21} & Bc_{22} & Bc_{23} \\ Bc_{31} & Bc_{32} & Bc_{33} \\ Bc_{41} & Bc_{42} & Bc_{43} \end{bmatrix}$$

$$S_{Ca} = \left(C_{ajk}\right)_{6\times3} = \begin{bmatrix} Ca_{11} & Ca_{12} & Ca_{13} \\ Ca_{21} & Ca_{22} & Ca_{23} \\ Ca_{31} & Ca_{32} & Ca_{33} \\ Ca_{41} & Ca_{42} & Ca_{43} \\ Ca_{51} & Ca_{52} & Ca_{53} \\ Ca_{61} & Ca_{62} & Ca_{63} \end{bmatrix}$$

$$S_{Cb} = \left(C_{bjk}\right)_{4\times3} = \begin{bmatrix} Cb_{11} & Cb_{12} & Cb_{13} \\ Cb_{21} & Cb_{22} & Cb_{23} \\ Cb_{31} & Cb_{32} & Cb_{33} \\ Cb_{41} & Cb_{42} & Cb_{43} \end{bmatrix}$$

$$S_{Da} = \left(D_{ajk}\right)_{3\times3} = \begin{bmatrix} Da_{11} & Da_{12} & Da_{13} \\ Da_{21} & Da_{22} & Da_{23} \\ Da_{31} & Da_{32} & Da_{33} \end{bmatrix}$$

$$S_{Db} = \left(D_{bjk}\right)_{3\times3} = \begin{bmatrix} Db_{11} & Db_{12} & Db_{13} \\ Db_{21} & Db_{22} & Db_{23} \\ Db_{31} & Db_{32} & Db_{33} \end{bmatrix}$$

2.资源型地区新型城镇化风险评价单因素测度向量

根据各风险影响因素的单指标未确知测度矩阵，结合本章第二节"风险影响因素权重确定"中得到的各风险指标的权重，可计算得到各风险影响因素的单因素测度向量。例如经济风险中经济规模的单因素测度向量可通过如下公式得到：

$$
\begin{aligned}
V_{Aa} &= W \cdot S_{Aa} \\
&= \left(W_{Aa_1} \ W_{Aa_2} \ W_{Aa_3}\right) \begin{bmatrix} Aa_{11} & Aa_{12} & Aa_{13} \\ Aa_{21} & Aa_{22} & Aa_{23} \\ Aa_{31} & Aa_{32} & Aa_{33} \end{bmatrix} \\
&= \left(V_{Aa_1} \ V_{Aa_2} \ V_{Aa_3}\right)
\end{aligned}
\tag{5.12}
$$

四、风险等级置信度识别

对于有序评价空间，不适合采用"最大隶属度"识别准则，而应采用"置信度"识别准则。在资源型地区新型城镇化风险评价中，评价等级分为低风险、中等风险和高风险三个等级，并构造了未确知测度评价模型的评价空间$\{C_1，C_2，C_3\}$，其中，$C_1=\{$低风险$\}$，$C_2=\{$中等风险$\}$，$C_3=\{$高风险$\}$，C_1，C_2，C_3为评价空间U 的一个有序分割类，则可引入置信度评价准则。

设λ为置信度，$\lambda \geq 0.5$，令

$$k_0 = \min\left\{ k : \sum_{i=1}^{k} \mu_{il} \geq \lambda, (k=1,2,\ldots,p) \right\} \tag{5.13}$$

则判定风险等级状况属于第k_0个等级C_{k0}。

五、风险管控重要度排序

采用未确知测度法进行风险评价时，可能会因为多个风险影响因素被评价出相同的风险等级而产生风险结，从而无法找到风险管控中最重要的风险点。因此本节利用Borda序值法对未确知测度法进行改进。

Borda序值法是在未确知测度的基础上，根据多个评价维度，将通过未确知测度法评价出来的风险影响因素按照重要性进行排序，综合确定各项风险影响因素的相对关键程度，最终选出最关键的风险影响因素。[1]具体方法为：原始风险评价结果有两个评价维度，分别为风险等级维度与权重维度，风险影响因素的Borda数由比该影响因素风险等级高或者因素权重大的因素

---

[1] 杨翠兰. 基于Borda序值和RBF神经网络的知识链风险预警[J]. 统计与决策，2011（17）：56-59.

个数决定，具体表示如下：

$$b_i = \sum_{z=1}^{2}(N - R_{iz})\qquad\qquad（5.14）$$

式中，b_i 为第 i 个指标的Borda数，z_1 为风险等级维度，z_2 为权重维度，N 为风险影响因素的个数，R_{iz} 为分别在风险等级维度和权重维度比该风险影响因素大的其他风险影响因素的个数。[①]

　　某个风险影响因素的Borda序值表示比其重要的风险影响因素的个数。以风险影响因素A为例，假设风险影响因素A在风险等级维度中比其大的风险影响因素有2个；在因素权重维度中比其大的指标有1个，则风险影响因素A的Borda数为3。将每个风险影响因素根据其Borda数进行排序，Borda数越大，排序越靠前；Borda序值越小，风险影响因素就越关键。

第四节　案例分析——以大同市矿区为例

　　大同曾一度被誉为中国"煤都"，长期以来一直有力地支援着全国的经济建设。大同矿区位于大同市西南部，境内已探明的地下矿藏主要有煤炭、石灰岩、高岭岩等，其中煤炭储量386.43亿吨，开发有大同煤矿集团生产矿矿区面积1827平方千米，可采量34.51亿吨，年产量3950万吨。

　　矿区作为资源富集型城市进行资源开采与供应的主要功能区，在为国家源源不断地输送能源的同时，却往往又成为城镇化建设的盲区。在新型城镇化建设中，政府与学者的注意力主要集中在农民的市民化上，而矿区居民由于大多已经属于非农人口，往往被默认为市民身份。但在实际生活中，矿区

---

① 常虹，高云莉. 风险矩阵方法在工程项目风险管理中的应用[J]. 工业技术经济，2007，26（11）：134–137.

居民并没有享受到与真正的市民同等的城市福利与保障，这就造成矿区居民处于"非农非市"的尴尬处境中。

长期以来矿区的城镇化建设主要依赖于区内国有大型矿业企业，但由于矿业企业的基本职能是生产经营，以实现盈利为目的，对于矿区建设既无责任也无义务，往往只关注短期利益，缺乏城镇化建设的主动性。此外，矿业企业对于城市建设并不擅长，虽然矿业企业建设了很多学校、医院、公园等机构与基础设施，但大多不会从长远上对矿区建设进行规划，因此矿区的基础设施建设大大落后于市区建设。

本部分以大同市矿区为例，运用本书设计的资源型地区新型城镇化风险评价模型，评价大同矿区各风险影响因素的风险等级，验证风险评价模型并进行相应的结果分析。

一、指标数据获取

根据前文所建立的资源型地区新型城镇化风险因素指标体系，对2013年山西省大同市矿区各项风险指标的实际值进行统计，具体见表5-11。

表5-11　大同市矿区2013年风险指标实际值表

风险影响因素	风险指标	指标单位	2013年指标值
经济规模	地区GDP增长率	%	9.3
	财政收入完成率	%	88.51
	固定资产投资增长率	%	355
经济结构	资源产业贡献率	%	58
	接替产业贡献率	%	9
	第三产业贡献率	%	13

续表

风险影响因素	风险指标	指标单位	2013年指标值
经济效益	工业劳动生产率	元	33207
	产值利税率	%	6.6
	资产利税率	%	3.6
基础设施	公交覆盖率	%	45
	城镇用水普及率	%	84
	城镇燃气普及率	%	48
	家庭宽带普及率	%	33
基本公共服务	科学教育经费支出占财政支出比重	%	0.78
	城镇登记失业率	%	4.2
	每千人拥有病床数	张	2.5
	煤炭生产百万吨死亡率	%	0.177
居民生活满意度	城镇居民人均可支配收入	元	23587
	恩格尔系数	%	46
	基尼系数	%	0.8
资源状况	城镇可再生能源消费比重	%	1.35
	人均水资源量	立方米	292.72
	森林资源覆盖率	%	15.3
	万元GDP能耗降低率	%	3.15
	煤炭资源回采率	%	68.2
	优质煤耗竭期限	%	10
环境状况	城镇绿色建筑占新建建筑比重	%	1.5
	生活垃圾无害化处理率	%	65
	建成区绿地率	%	28
	空气质量达标天数	天	286

续表

风险影响因素	风险指标	指标单位	2013年指标值
	政策法律完备性	定性	4.7
政策法律	政策一致性	定性	3.6
	政策时滞	定性	7.8
	管理理念	定性	4.3
城镇管理	管理方式	定性	3.1
	管理者素质	定性	8.5

注：数据来源为《大同市矿区年鉴2014》、大同市2014年国民经济和社会发展统计公报、《山西省2014年统计年鉴》、中国煤炭信息网。

二、指标评价

1.经济风险影响因素风险等级评价

根据获取的各项风险指标2013年的实测数据，得到经济风险影响因素实测值向量如下：

Aa={9.3，88.51，355}

Ab={78，9，13}

Ac={33207，6.6，3.6}

依照本章第三节"风险指标与因素测度"部分建立的未确知测度风险评价模型中所构造的各经济风险指标单指标测度函数，可计算得到各评价因素的单指标未确知测度矩阵，分别如下：

$$U_{Aa} = \begin{bmatrix} 1 & 0 & 0 \\ 0 & 0.851 & 0.149 \\ 1 & 0 & 0 \end{bmatrix}$$

$$U_{Ab} = \begin{bmatrix} 0 & 0 & 1 \\ 0 & 0 & 1 \\ 0 & 0 & 1 \end{bmatrix}$$

$$U_{Ac} = \begin{bmatrix} 0 & 0.321 & 0.679 \\ 0 & 0.64 & 0.36 \\ 0 & 0.6 & 0.4 \end{bmatrix}$$

根据各经济风险影响因素的单指标未确知测度矩阵，结合本章第二节"风险指标权重确定"部分得到的各经济风险指标的权重，可计算得到各经济风险影响因素的单因素测度向量，分别如下：

$$V_{Aa} = U_{Aa} \cdot Q_{Aa} = \begin{pmatrix} 0.307 & 0.155 & 0.538 \end{pmatrix} \begin{bmatrix} 1 & 0 & 0 \\ 0 & 0.851 & 0.149 \\ 1 & 0 & 0 \end{bmatrix}$$

$$= \begin{pmatrix} 0.845 & 0.132 & 0.023 \end{pmatrix}$$

$$V_{Ab} = U_{Ab} \cdot Q_{Ab} = \begin{pmatrix} 0.417 & 0.333 & 0.25 \end{pmatrix} \begin{bmatrix} 0 & 0 & 1 \\ 0 & 0 & 1 \\ 0 & 0 & 1 \end{bmatrix}$$

$$= \begin{pmatrix} 0 & 0 & 1 \end{pmatrix}$$

$$V_{Ac} = U_{Ac} \cdot Q_{Ac} = \begin{pmatrix} 0.5 & 0.3 & 0.2 \end{pmatrix} \begin{bmatrix} 0 & 0.321 & 0.679 \\ 0 & 0.64 & 0.36 \\ 0 & 0.6 & 0.4 \end{bmatrix}$$

$$= \begin{pmatrix} 0 & 0.472 & 0.528 \end{pmatrix}$$

本节取$\lambda=0.5$，经判定经济规模、经济结构、经济效益的风险等级分别为C_1、C_2、C_3。

结合本章第二节"风险影响因素权重确定"部分确定的三个经济风险影响因素的权重，计算得到经济规模、经济结构、经济效益的Borda数分别为4、5、4，则Borda序值为1、2、1，得到三个经济风险影响因素的管控重要度分别为：经济结构←经济效益←经济规模。

2.社会风险影响因素风险等级评价

社会风险影响因素实测值向量如下：

Ba={45，84，48，33}

Bb={0.78，4.2，2.5，0.177}

Bc={23587，46，0.8}

依照本章第三节"风险指标与因素测度"部分建立的未确知测度风险评价模型中所构造的各社会风险指标单指标测度函数，可计算得到各评价因素的单指标未确知测度矩阵，分别如下：

$$U_{Ba} = \begin{bmatrix} 0 & 0 & 1 \\ 0 & 0.08 & 0.92 \\ 0 & 0 & 1 \\ 0 & 0 & 1 \end{bmatrix}$$

$$U_{Bb} = \begin{bmatrix} 0 & 0 & 1 \\ 0.6 & 0.4 & 1 \\ 0 & 0 & 1 \\ 0.23 & 0.77 & 0 \end{bmatrix}$$

$$U_{Bc} = \begin{bmatrix} 0 & 0.716 & 0.284 \\ 0 & 0.4 & 0.6 \\ 0 & 0 & 1 \end{bmatrix}$$

根据各社会风险影响因素的单指标未确知测度矩阵，结合本章第二节"风险指标权重确定"中得到的各社会风险指标的权重，可计算得到各社会风险影响因素的单因素测度向量，分别如下：

$$V_{Ba} = U_{Ba} \cdot Q_{Ba} = \begin{pmatrix} 0.375 & 0.25 & 0.125 & 0.25 \end{pmatrix} \begin{bmatrix} 0 & 0 & 1 \\ 0 & 0.08 & 0.92 \\ 0 & 0 & 1 \\ 0 & 0 & 1 \end{bmatrix}$$

$$= \begin{pmatrix} 0 & 0.02 & 0.98 \end{pmatrix}$$

$$V_{Bb} = U_{Bb} \cdot Q_{Bb} = \begin{pmatrix} 0.286 & 0.143 & 0.143 & 0.428 \end{pmatrix} \begin{bmatrix} 0 & 0 & 1 \\ 0.6 & 0.4 & 1 \\ 0 & 0 & 1 \\ 0.23 & 0.77 & 0 \end{bmatrix}$$

$$= \begin{pmatrix} 0.184 & 0.387 & 0.429 \end{pmatrix}$$

$$V_{Cc} = U_{Cc} \cdot Q_{Cc} = \begin{pmatrix} 0.461 & 0.154 & 0.385 \end{pmatrix} \begin{bmatrix} 0 & 0.716 & 0.284 \\ 0 & 0.4 & 0.6 \\ 0 & 0 & 1 \end{bmatrix}$$

$$= \begin{pmatrix} 0 & 0.392 & 0.608 \end{pmatrix}$$

经判定基础设施、基本公共服务、居民生活满意度的风险等级分别为 C_3、C_2、C_3。

结合本章第二节"风险影响因素权重确定"中确定的三个社会风险影响因素的权重，计算得到基础设施、基本公共服务、居民生活满意度的Borda数分别为6、3、4，则Borda序值为1、3、2，得到三个社会风险影响因素的管控重要度分别为：基础设施 ← 居民生活满意度 ← 基本公共服务。

3.生态风险影响因素风险等级评价

生态风险影响因素实测值向量如下：

Ca={1.35，292.72，15.3，3.15，68.2，10}

Cb={1.5，65，28，286}

依照本章第三节"风险指标与因素测度"部分建立的未确知测度风险评价模型中所构造的各生态风险指标单指标测度函数，可计算得到各评价因素的单指标未确知测度矩阵，分别如下：

$$U_{Ca} = \begin{bmatrix} 0 & 0 & 1 \\ 0 & 0 & 1 \\ 0 & 0 & 1 \\ 0 & 0 & 1 \\ 0.82 & 0.18 & 0 \\ 0 & 0 & 1 \end{bmatrix}$$

$$U_{Cb} = \begin{bmatrix} 0 & 0 & 1 \\ 0 & 0 & 1 \\ 0 & 0 & 1 \\ 0 & 0.3 & 0.7 \end{bmatrix}$$

根据各风险影响因素的单指标未确知测度矩阵，结合本章第二节"风险指标权重确定"中得到的各生态风险指标的权重，可计算得到各生态风险影响因素的单因素测度向量，分别如下：

$$V_{Ca} = U_{Ca} \cdot Q_{Ca}$$

$$= \begin{pmatrix} 0.154 & 0.154 & 0.154 & 0.154 & 0.23 & 0.154 \end{pmatrix} \begin{bmatrix} 0 & 0 & 1 \\ 0 & 0 & 1 \\ 0 & 0 & 1 \\ 0 & 0 & 1 \\ 0.82 & 0.18 & 0 \\ 0 & 0 & 1 \end{bmatrix}$$

$$= \begin{pmatrix} 0.189 & 0.041 & 0.77 \end{pmatrix}$$

$$V_{Cb} = U_{Cb} \cdot Q_{Cb} = \begin{pmatrix} 0.416 & 0.167 & 0.167 & 0.25 \end{pmatrix} \begin{bmatrix} 0 & 0 & 1 \\ 0 & 0 & 1 \\ 0 & 0 & 1 \\ 0 & 0.3 & 0.7 \end{bmatrix}$$

$$= \begin{pmatrix} 0 & 0.075 & 0.925 \end{pmatrix}$$

经判定资源状况、环境状况的风险等级分别为C_3、C_3。

结合本章第二节"风险影响因素权重确定"部分确定的两个生态风险影响因素的权重，计算得到资源状况、环境状况的Borda数分别为4、3，则Borda序值为1、2，得到两个生态风险影响因素的管控重要度分别为：资源状况 ← 环境状况。

4.管理风险影响因素风险等级评价

根据获取的各管理风险指标实测数据，得到管理风险影响因素实测值向量如下：

Da={4.7，3.6，7.8}

Db={4.3，3.1，8.5}

依照本章第三节"风险指标与因素测度"部分建立的未确知测度风险评价模型中所构造的各管理风险指标单指标测度函数，可计算得到各评价因素的单指标未确知测度矩阵，分别如下：

$$U_{Da} = \begin{bmatrix} 0 & 0.15 & 0.85 \\ 0 & 0.7 & 0.3 \\ 0 & 0 & 1 \end{bmatrix}$$

$$U_{Db} = \begin{bmatrix} 0 & 0.35 & 0.65 \\ 0 & 0.95 & 0.05 \\ 0 & 0 & 1 \end{bmatrix}$$

根据各管理风险影响因素的单指标未确知测度矩阵，结合本章第二节"风险指标权重确定"部分得到的各管理风险指标的权重，可计算得到各管理风险影响因素的单因素测度向量，分别如下：

$$V_{Da} = U_{Da} \cdot Q_{Da} = \begin{pmatrix} 0.429 & 0.214 & 0.357 \end{pmatrix} \begin{bmatrix} 0 & 0.15 & 0.85 \\ 0 & 0.7 & 0.3 \\ 0 & 0 & 1 \end{bmatrix}$$

$$= \begin{pmatrix} 0 & 0.214 & 0.786 \end{pmatrix}$$

$$V_{Db} = U_{Db} \cdot Q_{Ab} = \begin{pmatrix} 0.333 & 0.417 & 0.25 \end{pmatrix} \begin{bmatrix} 0 & 0.35 & 0.65 \\ 0 & 0.95 & 0.05 \\ 0 & 0 & 1 \end{bmatrix}$$

$$= \begin{pmatrix} 0 & 0.512 & 0.488 \end{pmatrix}$$

经判定政策法律、城镇管理的风险等级分别为C_3、C_2。

结合本章第二节"风险影响因素权重确定"部分确定的两个管理风险影响因素的权重，计算得到政策法律、城镇管理的Borda数分别为4、3，则Borda序值为1、2，得到两个管理风险影响因素的管控重要度分别为：政策法律 ← 城镇管理。

三、评价结果分析

由评价结果可知，大同市矿区新型城镇化建设过程中经济风险中经济规模、经济结构、经济效益的风险等级分别为C_1、C_2、C_3，应优先进行管控的风险影响因素为经济结构；社会风险中基础设施、基本公共服务、居民生活满意度的风险等级分别为C_3、C_2、C_3，应优先进行管控的风险影响因素为基础设施；生态风险中资源状况、环境状况的风险等级分别为C_3、C_3，应优先进行管控的风险影响因素为资源状况；管理风险中政策法律、城镇管理的风险等级分别为C_3、C_2，应优先进行管控的风险影响因素为政策法律。

第五节　本章小结

在第四章所建立的资源型地区新型城镇化风险因素指标体系的基础上，利用专家意见法结合粗糙集理论计算风险影响因素与风险指标的权重，确定了各风险指标的分级标准及风险等级划分依据，构造了各风险指标的未确知测度函数，建立了风险指标未确知测度矩阵，并计算出风险影响因素未确知测度向量，从而得到各风险影响因素的风险等级，最后利用Borda序值法对风险管控重要度进行排序。以山西省大同市矿区为例，对前文所建立的资源型地区新型城镇化风险评价模型进行了实证分析，得到了大同市矿区各个风险影响因素的风险等级以及风险管控重点如下：经济风险中应优先进行管控的风险影响因素为经济结构；社会风险中应优先进行管控的风险影响因素为基础设施；生态风险中应优先进行管控的风险影响因素为资源状况；管理风险中应优先进行管控的风险影响因素为政策法律。

第六章　资源型地区新型城镇化风险防范

　　根据本书风险分析、风险识别、风险评价的研究结果，提出资源型地区新型城镇化建设风险防范思路与原则，建立风险防范机制，对资源型地区新型城镇化建设应遵循的风险防范路径进行分析。

第一节　风险防范思路与原则

一、　风险防范基本思路

根据风险社会理论，当今世界正处于根本性社会转型时期，时时处处存在着风险，我国也不例外。新型城镇化建设涉及经济、社会、政治、生态等方方面面，关系着我国几亿甚至十几亿人的利益，并且在一定程度上具有不可逆转性，一旦出现问题，将会产生巨大的损失。资源型地区的新型城镇化作为我国整体新型城镇化建设中的薄弱环节，必然存在着更多的潜在风险：资源的耗竭、大量的失业、生态环境的恶化等，因此在新型城镇化建设过程中更要如履薄冰。为了有效地预防新型城镇化过程中各类风险的发生，资源型地区政府乃至中央政府应当按照下面的思路对新型城镇化建设风险进行防范。

首先，必须树立风险意识。从新型城镇化建设的规划管理者到具体的执行者，都应该具有风险预控的思想，意识到风险无时无处不在，只有有效地预防才能尽可能地避免风险的发生，减少风险可能带来的损失。

其次，应建立风险管理机构。中央政府以及资源型地区政府应当配备专业的风险管理人员，要根据新型城镇化建设的不同阶段，定期对新型城镇化建设所涉及的工作进行全面的风险识别，建立新型城镇化风险因素指标体系，运用科学的方法对各项指标进行风险评估，明确各阶段各项工作的风险防范重点，将风险控制在可接受的范围之内。

最后，要建立新型城镇化建设风险预警机制。不仅要管控新型城镇化建设当前存在的风险，同时也要未雨绸缪，即采用科学的方法，根据新型城镇化建设目前的风险状况，对未来的风险进行预测，做到防患于未然。

二、 风险防范基本原则

资源型地区新型城镇化建设是一项系统而庞大的工程，建设主体需要坚持处理好以下四个关系，才能保障新型城镇化建设的顺利进行。

（1）坚持正确处理中央与地方的关系

在新型城镇化建设中，中央政府与地方政府的主要矛盾在于财权的上移与事权的下放，导致地方政府在发挥基本职能时"力不从心"，因此出现了"以地谋发展"和"要地不要人"的弊端。按照党的十八届三中全会的要求，应进一步调整中央和地方关系，厘清并明确中央政府和地方政府的责任、权力和利益边界，使责、权、利相匹配。中央政府与地方政府要做好分工与配合，完善新型城镇化建设协作机制。中央政府要在新型城镇化制度规划与顶层设计、重要政策的研究与制定，以及协调解决新型城镇化建设过程中的重大问题等方面发挥主导作用。地方政府要根据地区的实际情况，在中央所制定的制度规划与顶层设计的引导下，因地制宜地实施并反馈。

（2）坚持正确处理居民、企业、政府之间的关系

居民、企业、政府是新型城镇化建设的三个主要推动力量。居民、企业和政府在推进新型城镇化的目标上虽然一致，但三者的利益诉求不尽相同：居民要得实惠，企业要得利润，政府要求政绩。正确处理三者的关系，就是要打破政府主导的一元化模式，坚持"政府引导，多方参与"的原则。一方面要坚持政府引导。新型城镇化建设需要由政府来创造良好的发展环境，这就需要政府的制度保障。政府要提供优质的公共服务，就需要政府将主要的精力与财力投入到新型城镇化建设中。社会的公平与正义需要政府的民主与法制管理。因此，只有政府充分发挥职能，才能保证新型城镇化建设的正常进行。另一方面要调动居民和企业的积极性，广泛听取居民意见，真正尊重群众意愿，并自觉接受群众的监督，真正实现以人为本，为人民服务；新型城镇化建设需要企业的参与，因此要为企业的发展提供良好的平台，营造健康的环境，鼓励企业在市场中的合法自主经营以及良性的公平竞争。

（3）坚持正确处理生态资源与经济社会发展之间的关系

资源型地区的城镇化，与其所依托的资源密不可分，甚至主要依赖资

源，因此必须对资源支撑有特别深入的认识。资源是自己的优势，同时也是制约。这种制约，既有量上的制约，又有市场的制约。必须对自己拥有资源的禀赋有深入的认识。新型城镇化建设以节约集约、生态宜居、和谐发展为基本特征，对于资源型地区而言既是转变的机会，同时也存在着巨大的挑战。资源型地区政府应该以新型城镇化为契机，转变粗放的发展方式，加大对生态环境的保护与治理力度，坚持生态健康与经济社会发展的良性互动，实现绿色环保与集约高效的新型城镇化。

（4）坚持正确处理统筹城乡建设规划之间的关系

我国城乡发展不平衡的问题非常严重，在农村农业衰退和农民贫困的情况下，不应该强制进行城市化和工业化，我们必须看到城乡差距、城乡分离和对立的历史必然性，现阶段城乡差距难以消除。城乡融合、城乡协调发展是新型城镇化应尽的责任。促进城乡统筹规划、城乡融合发展，推动农民进城，农村富余劳动力融入城市，缓解人力资源的供需矛盾，构建城乡均衡生态系统，促进城乡互动，城乡共同发展。不断补充和加强城乡发展衔接、城乡建设一体化的体制机制。在抓紧推进城镇化的同时努力实现城乡收入与公共服务均等化和均衡发展，解决"三农"问题表现出的发展不平衡，建立健全城乡衔接发展体制机制和政策体系，加快推进农业农村现代化。不断寻求城乡均衡发展是一项从城乡发展不平衡、城镇化不充分到全面实现新型城镇化的关键措施，也是推动现代化建设的强大动力。

第二节　风险防范机制

为实现资源型地区新型城镇化建设顺利进行，避免各类风险的产生，应针对资源型地区新型城镇化特点，建立科学合理的风险防范机制。

一、 建设资金保障机制

1."财权"与"事权"匹配机制

虽然我国于1994年进行了分税制改革，在一定程度上明确了中央政府与地方政府的税收管理权限，但由于各种原因，例如仍然存在的中央地方共享税，使得分税制并不彻底，税权与事权不完全对应。在资源型地区，这种现象更为明显。中央政府对地方政府转移支付这种再分配方式也容易受到利益集团的影响。资源型地区在新型城镇化过程中容易存在资金缺口。据相关数据统计，2010年末，我国共有78个市与99个县的债务率超过100%。为了保证资源型地区新型城镇化建设顺利进行，必须建立地方政府财权与事权相匹配机制，明确各级政府之间财权与事权分配规则，激励地方政府提供公共产品、发挥公共服务的职能，鼓励公众对财政收支状况进行监督，减少权力寻租与腐败的空间，保障资源型地区新型城镇化建设的健康、可持续发展。

2.明确划分政府与市场边界

新型城镇化建设越来越重视市场的牵引作用，并有向"市场主导，政府引导"转变的趋势。然而由于长期以来，我国资源型地区的城镇化建设发展主要靠政府自上而下的推动，市场主要起到补充的作用。当前积极推动政府职能的转变，在市场机制尚未健全的情况下，很有可能导致政府与市场的边界模糊，在一定程度上造成新型城镇化建设过程中政府与市场双重缺位的现象。因此，需要明确政府与市场的边界，政府在退出基础设施建设以及公共服务提供等领域时应循序渐进，逐步进行，避免造成新型城镇化建设的真空地带。此外，对于社会资本所参与的投资经营，政府应起到监督管理的作用，尤其是在教育、医疗、安全等新型城镇化建设关键领域。[①]

---

① 林志华. 城镇化建设资金保障机制的要素框架与完善措施[J]. 海南金融，2014（3）：30–33.

3.完善财政资金保障方式

资源型地区新型城镇化建设需要大量的资金投入，因此需要完善财政资金保障方式：第一，对资源型地区原有的地方税体系进行完善。培育资源型地区的主体税种，推动资源税改革，健全自然生态资源税体系，进一步推动环境保护费改税制度的实现。第二，加大对资源型地区转移支付的支持力度。目前中央政府对资源型地区的一般转移支付主要是由均衡性转移支付与专项转移支付组成。一方面应提高均衡性转移支付的比重，增加转移支付的基础量；另一方面应保证地方政府专款专用，促进其发挥公共服务的职能，保障其教育、医疗、安全等公共产品的供给能力。第三，规范资源型地区新型城镇化建设投融资机制。应健全资源型地区新型城镇化建设投融资法律法规，完善资源型地区政府在新型城镇化过程中的债务管理制度，在保障金融安全的前提下探索与拓宽资源型地区新型城镇化建设投融资渠道。①

二、 生态资源保护机制

1.建立绿色GDP制度

我国现行的国内生产总值（GDP）核算方法并没有考虑到生态环境破坏的成本与修复治理的费用，在一定程度上存在片面性。资源型地区在经济增长与社会发展过程中对生态资源的消耗与环境的污染比其他地区更为严重，因此，亟须在资源型地区率先实行"绿色GDP"制度。"绿色GDP"制度要求在进行经济核算时剔除对生态资源的消耗与环境的污染所造成的成本，因而可以反映出经济增长与社会发展过程中所付出的生态代价。建立"绿色GDP"制度，可以唤起国家、企业与居民对生态资源浪费与环境破坏的重视，激发政府、企业与居民对生态环境保护的积极性，有助于培养企业与居民集约低碳的生产与生活方式，有效缓解我国日益严峻的生态危机，实现资

---

① 闻传国. 推进新型城镇化的资金保障机制探析[J]. 学习论坛，2014（5）：37–40.

源型地区新型城镇化建设的健康、可持续发展。

2.明确生态补偿的主体与责任

完善生态补偿制度，首先要明确生态补偿的主体。我国的生态资源属于国家与集体所有，国家与资源型企业是资源开发的直接受益方，应该成为补偿主体，资源型地区政府与居民是生态破坏的直接受损方，因而是主要受偿主体。对于在资源开发过程中所造成的生态破坏与环境污染，补偿主体应以补偿资金的形式对受偿主体进行援助，用于资源型地区生态环境的恢复与污染的治理。一方面，国家应该发挥主导作用，将生态补偿纳入正常财政支出中，从政策与资金等方面对资源型地区经济与社会发展给予支持；另一方面，资源型企业是生态破坏与环境污染的直接责任者，因此更加应该积极参与到资源型地区生态恢复与环境治理之中，根据其所造成的资源损耗与环境污染程度，从收益中拿出专项资金用于对资源型地区生态恢复的补偿。

3.完善生态环境保护公众参与制度

生态补偿与环境保护不仅需要政府监督与企业自觉，也需要公众的积极参与。因此应完善生态环境保护公众参与制度，明确规定公众在生态开发与环境保护中的参与权。当前我国相关法律法规如《矿产资源法》《环境保护法》中已经规定了公众参与的原则性内容与制度，除此之外，还应该进一步完善公众参与的具体方法，加强对公众参与环境保护的知情权，强化公众在决策过程中的参与权，尊重公民参加与建立环保组织的权利，保护公众获得环境补偿的权利。此外，政府应建立或支持环保组织建立生态环境保护公益基金，在公众因参与生态环境保护问题提起诉讼时提供财力支撑，公益基金资金来源可通过政府向企业收取的资源税、排污费、污染罚款等收入中拨出，或者由环保组织进行社会募捐等方式筹集。

4.城市发展与生态环境相协调

在发展城市经济的过程中，应坚持保护生态环境，提高环境质量。按照促进经济发展和保护生态环境的原则，城市发展与城市保护相辅相成、相互促进、协调共存。要把城市生产力空间布局优化、城市生态环境建设和环境质量改善需求结合起来，统一规划生态环境保护和人民福祉。城市建设和城市更新应与城市生态环境保护、城市整体保护目标相协调。在实现经济发展与生态环境保护双赢的过程中，运用行政、法律、经济、技术等多种手段调节人类社会经济活动与环境保护之间的关系。

三、专项政策规划机制

新型城镇化建设是一项长期而复杂的系统工程，如果没有专项规划的指导，必然会陷入盲目混乱的状态之中，因此推进新型城镇化建设必须首先建立全面、科学的专项规划机制。

（1）结合地区特点，制定专项政策

要根据资源型地区自身实际情况，结合已有的政策法规，制定有针对性的新型城镇化相关法律法规，做好顶层设计。[1]新型城镇化建设是一个复杂的系统过程，要综合考量人文、社会、环境因素和地理条件。尤其是资源型地区经过长期的历史发展，早已形成了格局各异的地域特点。因此，在制定新型城镇化具体规划的过程中，必须综合考虑资源型地区的实际，保留当地的特色文化，进行统筹规划。制定符合当地自然条件与经济发展水平的城镇建设标准，切实提高居民的生活水平。在区位规划选择中，优先选择交通便利、位置适中、既有利生产又方便生活的区域。各项政策的制定要综合考虑当地经济建设、文化建设和生活休闲的不同需求，通过城镇建设为整合资源搭建平台，促进资金、技术、人才、信息等各类生产要素的科学配置和合理流动，促进资源型地区的全面进步与发展。[2]

---

① 李会欣. 论政府的政策风险防范能力建设[J]. 福州大学学报（哲学社会科学版），2006（3）：23-26.

② 陈士林. 新型农村社区建设的政策保障机制研究[J]. 法治与社会，2016（16）：47-48.

（2）考虑各种要素，进行全面规划

新型城镇化建设是一项复杂、艰巨、庞大的综合性工作，涉及多部门、多行业、多专业，关系到发展改革委员会、环境保护部门、城市管理部门、商贸发展部门、教育部门等多个部门的协调与配合，因此需要通过规划和协调建立统一主体性的合作机制。资源型地区新型城镇化建设涉及方方面面，完善新型城镇化建设中的人口、土地、财政和社会保障等政策是资源型地区新型城镇化建设及长期稳定发展的根本保障。因此，资源型地区新型城镇化规划应该全面细致，覆盖所涉及的各个领域，包括新型城镇化的各个要素，如人口转移规划、土地利用规划、产业发展规划、城镇建设规划、交通建设规划、公共服务规划等。

（3）适应环境变化，政策动态调整

许多传统的城市规划在制定时，由于条件和时间的限制，前瞻性不强，规划标准起点不高，规划频繁调整和建设拆除，造成资源浪费和环境破坏。与一次性的大拆大建不同，资源型地区新型城镇化建设是一项长期的历史任务，因此，资源型地区的新型城镇化相关政策法规以及具体规划不仅要系统全面，还要与时俱进，要考虑到未来的因素变化，根据具体环境与实际情况的变化进行动态调整，以保证政策规划的时效性。在制定城市规划时，应听取专家学者的意见，采取专题讨论、任务指导、专家论证等方式，听取各方意见和建议，确保规划、研究、理论充分、科学、合理。在编制城市规划时，要听取公众意见，集思广益，加强对城市规划的公众参与和社会监督，提高全社会共建、共治、共享城市规划的意识。此外，政策规划的出台应保持前后一致，以免造成混乱。①

---

① 刘昕炜. 社会转型时期的政策风险控制与风险规避[J]. 现代经济信息，2008（7）：33-34.

四、风险全面防控机制

1.做好基础性工作，构建风险防范长效机制

资源型地区新型城镇化风险防范是一项长期性、专业性的任务，因此要做好基础性工作。第一，要明确各级领导责任，强化权力的规范化运行。将资源型地区新型城镇化过程中的决策权、执行权与监督权相分离，明确划分各项权力的边界范围，实现各种权力之间的相互制约，杜绝权力的滥用。第二，要加强不同部门之间的协调与合作。资源型地区新型城镇化风险防范是一项复杂的综合性工作，需要各部门之间的配合，完善与简化行政审批制度，有效提高工作效率。第三，要把资源型地区新型城镇化风险防范作为新型城镇化建设的一部分进行宣传，并纳入新型城镇化宣传工作的总体部署之中，开展风险防控知识培训。最后，资源型地区新型城镇化建设风险防范是一项理论指导实践的新课题，需要做好经验总结与分析，不断提高对资源型地区新型城镇化风险防控规律的认识，构建风险防范长效机制。

2.风险全面防控与重点防控相结合

资源型地区新型城镇化风险防控既应全面，又要突出重点。首先，资源型地区新型城镇化中的所有主体，都应作为风险防控的对象。政府及其负责人在新型城镇化过程中自身要遵纪守法、以身作则，杜绝腐败行为的发生，防止铺张浪费，追求奢华。同时要对各种项目活动进行监督，对于新型城镇化过程中可能出现的危机性问题，应有预案，不要因突发事件而陷入被动状态。这里既包括社会纠纷，也包括自然灾害。其次，对于新型城镇化中的重要权力岗位要重点监督，形成决策权、执行权与监督权之间的相互制约，防止因为权力滥用而导致重大风险的产生。对于新型城镇化建设中的基础设施建设、教育、医疗、安全等涉及人民群众切身利益的关键领域要摆在突出位置，对其中的潜在风险要重点防控，以防引发大范围的社会问题。①

---

① 熊光清. 当前中国的腐败问题与反腐败策略[J]. 社会科学研究，2011（5）：53-58.

3.风险防控管理信息化

以信息化推动新型城镇化，除了要将现代信息技术用在城市建设与服务中，还要利用信息化手段进行风险防控，促进资源型地区新型城镇化风险防控机制的建设和完善。第一，要完善风险防控电子政务建设。建设在线电子风险监察系统，将资源型地区新型城镇化风险点纳入电子监察范围，进行实时动态监控。第二，建立风险防控综合信息管理平台。将资源型地区新型城镇化中涉及权力运行与工作执行等过程，程序化为系统中的业务流程，并进行标准化与规范化。根据风险防控制度，系统自动对违反程序、越权操作、逾期未完成等行为进行扣分。第三，建设风险预警系统。建设风险防控信息库，根据系统中识别出的风险点与不安全行为，系统自动进行风险分析与评估，对于超出可承受范围的风险点与不安全行为进行预警，直至制定了风险控制措施后方能销警。

第三节 风险防范路径

资源型地区新型城镇化建设是一个长期、循序渐进的过程，并且涉及经济、社会、生态、管理等方方面面，牵扯到亿万人的切身利益。为了全面防范在此过程中各类风险的发生，资源型地区政府需要从以下几个方面着手。

一、保障经济发展规模，倡导内涵式经济增长

1.大力发展接替产业，保证经济发展规模

新型城镇化建设需要投入巨大的财力物力，而且很难在短时间内产生经济回报，资源型地区如果不能保证经济规模的不断扩大，很可能会因为资金

短缺影响新型城镇化进程，最终难以实现新型城镇化所要达到的目标。资源型地区传统的资源开发利用方式加速了资源型产业的衰退，造成了经济增长的不可持续。为转变这种形式，必须积极培育接替产业，拓展企业的时间和空间范围，培育相关联产业发展，为新产业的进入提供良好的环境和技术支持。通过技术进步和资源型产品的不断创新，吸引与资源相关联的配套产业进入。通过树立集约利用资源的理念，引导成熟型的资源型企业加快转型步伐，对新型产业的导入提供更大的选择余地，不断扩大转型发展的思路。

2.优化升级经济结构，避免结构性经济衰退

资源型地区的传统经济结构极其单一，第一产业与第三产业发展薄弱，资源型产业比重过大，存在着巨大的经济衰退风险，要想保证经济的健康持续发展，必须进行产业结构的转型升级。就目前而言，资源型地区产业结构转型升级的主要方向是大力发展服务业。一方面，新型城镇化的建设离不开服务业的发展，服务业是最大的就业容纳器，同时也体现了城镇化的发展水平，它与城镇化的关系是一荣俱荣、一损俱损。另一方面，新型城镇化建设可以为资源型地区的服务业发展营造更好的环境。新型城镇化对于生活性以及生产性服务有更多更高的需求，需求的增加有利于创新要素的集聚，从而可以增强创新活力，最终推动资源型地区产业的优化升级，并促进新兴产业的发展。

3.提升经济发展质量，防止资源过快耗竭

经济发展不仅要看总量的增长，也要注重质量的提高。资源型地区传统的粗放型经济发展方式造成了生产效率低下，资源浪费严重，导致了资源短缺与枯竭，加快了资源的耗竭速度，继续下去后果不堪设想。要想实现经济的持续健康发展，资源型地区必须推进资源的集约利用，降低资源型产业的开发成本，大力发展循环经济，通过运用生态学规律来指导资源型地区的经济活动，将废弃物作为再生资源重新投入到生产当中，实现资源的循环利用，提高资源企业效益，最大程度上减少资源的浪费与污染的产生，实现经济增长与环境保护的双赢。资源型地区发展循环经济的先决条件在于健全资源要素的节约集约利用机制，一是对城乡土地、电能、水源等资源要素进行

严格管控，根据不同地区的资源需求量制定阶梯式管控模式，在保证资源供需平衡的同时约束人们的资源利用行为；二是健全污染物排放机制，对污染物的分类及检测需要秉承精细化理念，切实避免企业生产及公众生活破坏周边自然环境；三是促进循环经济的标准化，以工业园区为试点以点带面推广标准化技术、标准化流程及标准化工艺，降低循环经济发展成本，形成资源—产品—再利用—产品的新型经济转型路径。[①]

二、夯实基础设施建设，提升公共服务能力

1.加快基础设施建设与改善，防止城市棚户区蔓延

资源型地区长期以来所保持的"重视生产，忽视生活"的发展方式使得城镇基础设施建设远远落后于我国的其他地区，尤其是城市贫民聚居的棚户区。为改善资源型地区居民的生活条件，适应新型城镇化建设的要求，资源型地区政府必须重视城市基础设施建设与改善，保障城镇居民正常的用水用电需求，加强城镇道路交通建设，重视城市生活垃圾的无害化处理，提供完善的综合服务设施如公共厕所、路灯等，提高居民社区的宽带接入能力，为居民创造良好的生活环境。但基础设施建设速度与规模应与地区发展状况相匹配，不能建设过度，否则会造成公共资源的浪费。

2.加强基本公共服务供给能力，提高城镇管理水平

城市公共服务的质量直接体现了城市的管理水平，资源型地区与其他地区相比在城市管理方面仍有很大的提升空间。首先应重视科技与教育的发展，加大对科学研究的投入力度，重视高等教育与职业教育，树立"科教兴区、人才强区"的理念，努力培养资源型地区产业转型需要的人才，营造良

---

① 厉以宁，艾丰，石军. 中国新型城镇化概论[M]. 北京：中国工人出版社，2014：260-262.

好的人才培养环境；其次，应建立资源型地区职工下岗失业预警机制，重视下岗职工再就业培训机制的形成与完善；最后，应为棚户区特困居民提供完善的扶贫帮困救助机制，扩大养老保险、医疗保险以及城镇保障性住房的覆盖范围，全面提高城市安全保障力度。

3.加强城市文化建设，提升居民幸福指数

资源型地区新型城镇化的核心目标是民生改善，民生的改善不仅需要政府重视基础设施的建设与改善，提高政府的公共服务能力，还需要着力提高城镇居民的满意度，这是新型城镇化建设对资源型地区政府更高层次的要求。第一，在保证城镇居民基本生活的前提下，要不断提高城镇居民人均可支配收入，提高消费能力，使城镇居民有经济实力去满足其日益增长的物质与精神需求；第二，可以从城镇居民家庭生活的现代化水平看出居民生活质量的改善，包括家用汽车数量的增加，手机、电脑等设备的普及率等；第三，要重视城镇居民精神生活的满足，城镇公共图书馆、影剧院等文化娱乐场所的增加，对于提高居民生活满意度具有重要意义。

三、重视生态修复治理，树立环保生活理念

1.合理开发充分利用，防止资源过快耗竭

资源型地区的生态环境问题伴随着资源开采和利用过程产生。长期以来，由于缺乏正确的生产观念，加之不重视生态环境的修复治理，资源型地区的生态环境受到极大破坏，资源开采与生态环境之间的矛盾日益突出，严重制约了资源型地区经济与社会的可持续发展。第一，要在资源开采的不同阶段，通过采取建立资源开发补偿资金等一整套补偿措施和扶持办法，支持矿产资源勘探与合理开发、保护和恢复被破坏的地质环境和生态环境；第二，实行资源有偿使用制度，完善资源型产品价格形成机制，加快推动自然资源以及相关产品的价格市场化改革，使得资源价格能够反映市场供求状况以及资源的稀缺性；第三，完善生态补偿制度，健全相应的法律法规，提高

企业准入门槛，限制资源利用率低、环境污染大的企业进入，优先扶持资源综合开发利用和生态环保型企业发展。将资源型地区的生态环境状况作为考核新型城镇化建设水平的重要因素，加大资源型地区生态环境治理与保护投入力度，严格执行生态环境保护法律法规，对区域性生态功能的修复和完善也具有重要意义。

2.倡导低碳环保生活理念，提升城镇环境质量

资源型地区的城镇化，与其所依托的资源密不可分，甚至主要依赖资源，因此必须对资源支撑有特别深入的认识。资源是自己的优势，同时也是制约。这种制约，既有量上的制约，又有市场的制约，资源型地区的政府与居民必须对自身拥有资源的禀赋有深入的认识。倡导低碳环保的生产生活理念，减少日常作息时所耗用能量，从节电、节气和回收等环节来改变生活细节，例如出行尽量使用公共交通工具，通过垃圾分类循环回收利用可以减少不必要的焚烧等。低碳环保的生活方式不仅可以改善资源型地区居民的生活质量，更是保证新型城镇化建设可持续发展和保护环境的重要途径。

3.利用大数据治理手段，改善城市生态环境污染

"全面推动大数据发展和应用，建设数字中国"已成为国家战略。推动新型城镇化建设，必须善于运用新兴科技和信息化手段，善于利用生态环境大数据提升城市生态建设和环境污染治理能力和水平。《生态环境大数据建设总体方案》提出，"通过生态环境大数据的开发和应用，推动环境管理转型，提高生态环境管理能力，为实现生态环境质量全面改善目标提供有力支撑。"生态环境大数据要投入运行，提高生态文明建设的作用和国家生态环境管理现代化的能力和水平。以大数据建设推进城市生态环境信息化建设，提高城市生态环境污染治理能力和水平，推进"美丽宜居"城市建设。[①]

---

① 陈肇琪. 新兴产业发展如何避免同质化[N]. 中国环境报，2012-07-13（002）.

四、政府职能积极转变，构建城镇管理新生态

1.政府职能由服务企业转向服务城市

资源型地区的国有大中型资源企业是地方财政税收的主要来源，资源型企业的生产状况直接影响到地方政府的财政状况，因此地方政府往往非常重视对资源型企业的服务，优惠政策与公共服务的提供也往往向资源型企业倾斜，而对于城市的服务能力相对较弱。新型城镇化建设需要政府发挥主导作用，在基础设施建设、教育医疗、安全环保等方面发挥政府职能，以保证新型城镇化建设的顺利进行。因此，资源型地区政府应积极转变政府职能，尽快将服务重点由资源型企业转向资源型地区与城市，加快政府管理体制改革与创新，根据新型城镇化的要求，建立新型城镇化管理机构，完善新型城镇化管理与保障制度，明确划分权利与责任，提高对新型城镇化建设工作的统筹与协调能力，将政府应该履行的职能发挥到极致。

2.提高政府治理水平，实现新型城镇化管理

实现城镇社会管理创新、加强党委对新型城镇化的领导，发挥政府主导作用。党政要高瞻远瞩，预见各种难以预见的国内外的风险与挑战，党政同样对于新型城镇化发展、城镇生态文明建设、城镇生态环境质量、城镇污染治理负有重要责任。城镇振兴发展，城镇绿色发展，提升新型城镇治理能力、提高城镇治理绿色化水平是关键，城镇有效治理是基础。加强新型城镇治理的组织领导，充分发挥政府在推进新型城镇化发展中的引导作用，县级以上政府应当加强对城市新型治理、城市开发和资源、能源利用、生态环境保护工作的领导和组织协调，通过发挥基层党组织力量，明确政府的职能定位和管理深度，整合各方资源，引领城市社区建立治理体系与推进模式，实现城镇高效能科学治理。[①]

---

① 陈肇琪. 新兴产业发展如何避免同质化[N]. 中国环境报，2012-07-13（002）.

3.加强城镇化舆论宣传，扩大新型城镇化效应

资源型地区新型城镇化建设需要各种力量多方参与，政府不仅要发挥主导作用，从公共服务供给和新型城镇化政策调控等方面直接作用于新型城镇化，还要发挥引导作用，将各种有利力量引导到参与新型城镇化建设的道路上来。舆论宣传是政府发挥引导作用的重要手段，政府必须把新型城镇化的舆论宣传当作大事来抓。通过恰当的舆论引导，市场中的技术、资金、人才以及其他生产要素将很快集聚到新型城镇化领域。正面的舆论宣传也可以增强领导与居民的新型城镇化意识，提升新型城镇化形象，扩大新型城镇化效应。得到群众的广泛支持在一定程度上有利于化解新型城镇化建设过程中可能产生的各种矛盾与纠纷，缓解日益严重的"官民危机"，培育政府与居民之间的良性互动，构建新型城镇化管理新生态。

第四节 本章小结

根据本书风险分析、风险识别、风险评价的研究结果，提出了资源型地区新型城镇化建设风险防范的思路与基本原则，建立风险防范机制，包括建设资金保障机制、生态资源保护机制、专项政策规划机制、风险全面防控机制。最后提出了风险防范路径：①在防范经济风险方面，应大力发展接替产业，保证经济发展规模；优化升级经济结构，避免结构性经济衰退；提高经济发展质量，防止资源过快耗竭。②对于社会风险的防范，应做到加快基础设施建设与改善，防止城市棚户区蔓延；加强基本公共服务供给能力，提高城镇管理水平；加强城市文化建设，提升居民幸福指数。③在防范生态风险方面，要合理开发充分利用，防止资源过快耗竭；倡导低碳环保生活理念，提升城镇环境质量；利用大数据治理手段，改善城市生态环境污染。④在防范管理风险方面，政府职能由服务企业转向服务城市；提高政府治理水平，实现新型城镇化管理；加强城镇化舆论宣传，扩大新型城镇化效应。

第七章　结论与展望

第一节　主要结论

本书以资源型地区新型城镇化为对象，以风险管理的思想为指导，按照风险分析、风险识别、风险评价、风险防范的流程，对资源型地区新型城镇化风险进行了研究，得到的主要结论如下所述。

（1）通过建立资源型地区新型城镇化系统耦合模型，分析系统耦合演化过程，模拟出资源型地区新型城镇化耦合系统是一个风险不断爆发与规避的过程；通过对资源型地区新型城镇化过程中政策执行力、财权与事权分配、基础设施建设融资分担以及生态保护等几个典型问题进行利益相关者博弈分析，发现在各种利益相关者博弈过程中存在着执行力风险、资金风险、基础设施建设风险、环境保护等风险；对资源型地区新型城镇化的动力因子、动力源及动力机制进行分析，发现资源型地区新型城镇化建设动力存在着各种潜在的功能障碍，主要有传统体制束缚、政府财力不足、工业化结构的偏差、政府与市场的边界模糊等。

（2）在风险分析的基础上结合相关文献，将资源型地区新型城镇化风险分为经济风险、社会风险、生态风险和管理风险四类。其中，经济风险包含经济规模、经济结构和经济效益三个风险影响因素；社会风险包含基础设施、基本公共服务和居民生活满意度三个风险影响因素；生态风险包含资源状况与环境状况两个风险影响因素；管理风险包含政策法律与城镇管理两个风险影响因素。经过对调查问卷的探索性检验与验证性检验，最终确定了包含36个风险指标的资源型地区新型城镇化风险因素指标体系。

（3）在资源型地区新型城镇化风险因素指标体系的基础上，利用专家意见法结合粗糙集理论计算出风险影响因素与风险指标的权重，建立了未确知测度风险评价模型。以大同市矿区2013年的数据为实证对象，得到了大同市矿区在新型城镇化建设过程中应重点进行管控的风险影响因素分别为经济结构、基础设施、资源状况和政策法律。

第二节　主要创新点

（1）本书将资源型地区新型城镇化风险作为研究对象，通过风险管理的流程，实现了对资源型地区经济、社会、生态和管理四个方面在新型城镇化过程中风险的诊断与管控。从研究视角方面，具有一定的创新意义。

（2）本书分别从系统耦合、利益相关者博弈和动力机制三个角度分析资源型地区新型城镇化过程中的风险发生机制。将资源型地区新型城镇化作为一个整体系统，首先对该系统进行耦合分析，建立资源型地区新型城镇化系统耦合模型，分析资源型地区新型城镇化系统耦合演化过程，最终进行资源型地区新型城镇化系统耦合风险分析；其次进行资源型地区新型城镇化建设利益相关者博弈分析，分别进行中央政府与地方政府之间的财权与事权博弈、地方政府与中央政府间政策执行力博弈、地方政府与资源型企业基础设施改造融资分担博弈、政府—资源型企业—民众三者之间的生态利益博弈；对资源型地区新型城镇化动力因子、动力源、动力机制进行分析，并对动力功能障碍进行研究。

（3）以基于目标导向的风险识别方法，在新型城镇化、资源型地区可持续发展等目标的基础上，识别出了资源型地区新型城镇化过程中经济、社会、生态、管理各方面共10个风险影响因素，40个风险指标，初步建立了资源型地区新型城镇化风险因素指标体系，对各指标进行了风险假设，以调查问卷的方式对风险假设进行了实证分析，并对调查结果进行了探索性检验与验证性检验，结合专家意见，最终留下36个风险指标作为资源型地区新型城镇化风险评价指标。

（4）利用粗糙集理论确定属性重要度的功能，计算了风险影响因素与风险指标的权重，对风险指标进行了等级划分，建立了未确知测度风险评价模型，利用Borda序值法对风险管控重要度进行排序。以山西省大同市矿区2013年的数据为实证研究对象，对其进行了风险评价，确定了大同市矿区各类风险中应重点管控的风险影响因素。

第三节　研究展望

由于目前关于资源型地区新型城镇化风险管理方面的研究文献很少，本书属于该领域初级阶段的研究，因此在研究方法、研究水平等方面存在很多不足，有待于在今后的研究中继续探索，具体来说主要有以下几个方面。

（1）本书从系统耦合、利益相关者博弈和动力机制三个角度分析资源型地区新型城镇化过程中的风险发生机制。从风险分析方法来看，有待进行进一步探索与完善。

（2）资源型地区新型城镇化风险因素指标体系的建立虽然是在大量文献中相关指标体系的基础上进行筛选，但由于目前专门针对资源型地区新型城镇化风险的研究很少，大多是某一类风险的定性研究，对于全面风险的研究尚未开始，因此本书所建立的资源型地区新型城镇化风险因素指标体系仍在探索阶段，有待于今后继续研究。

（3）本书以粗糙集理论为基础确定风险因素及风险指标的权重，建立资源型地区新型城镇化未确知测度风险评价模型，从风险评价方法来看，有待进一步探索与完善。由于可以收集到的数据的局限性，风险评价实证对象为大同市矿区2013年的数据，而并非最新数据，有待最新的数据对模型进行实证检验。

参考文献

[1] 梁振民.新型城镇化背景下的东北地区城镇化质量评价研究[D].长春：东北师范大学，2014.

[2] 郑小平，高金吉，刘梦婷.事故预测理论与方法[M].北京：清华大学出版社，2009.

[3] 赵景海.我国资源型城市发展研究进展综述[J].城市发展研究，2006（03）：86-91.

[4] 王雅红.西北少数民族地区城镇化模式研究：甘肃、新疆的个案分析[D].兰州：兰州大学，2010.

[5] 李标.中国集约型城镇化及其综合评价研究[D].成都：西南财经大学，2014.

[6] 陆大道，姚士谋，刘慧，等.2006中国区域发展报告：城镇化进程及空间扩张[M].北京：商务印书馆，2007.

[7] 陈书奇.地方政府在城镇化中的角色紧张及优化策略[J].郑州大学学报（哲学社会科学版），2015，48（4）：87-91.

[8] Harve D.The urbanization of capital:Studies in the history and theory of capitalist urbanization [M]. Baltimore:the John Hopkins University Press,1985.

[9] Catherine Armington, Zonltan J Acs. The determinants of regional variation

in new firm formation [J] .Regional studies，2003.

[10] 马长青.贵州省新型城市化发展战略模式研究[D].长沙：中南大学，2014.

[11] Pacione M. Models of urban landuse structure in cities of the developed world [J].Geography，2001.

[12] Lynch K. Rural-urban interaction in the developing world[M].Routledge Perspectives on Development，2005.

[13] Friedmann J. Four theses in the study of China's urbanization [J]. Urban Regional, 2006, 30（2）：441-448.

[14] 王素斋.科学发展观视域下中国新型城镇化发展模式研究[D].天津：南开大学，2014.

[15] 张少伟.快速城镇化背景下中原地区新型农村村落空间模式研究[D].西安：西安建筑科技大学，2013.

[16] 岳文海.中国新型城镇化发展研究[D].武汉：武汉大学，2013.

[17] 孙毅.资源型区域绿色转型的理论与实践研究[D].长春：东北师范大学，2012.

[18] 高保全.资源型地区政府生态责任问题研究：以山西省转型发展为例[D].苏州：苏州大学，2011.

[19] 郑永杰.国际贸易的技术溢出促进资源型地区技术进步的机理研究[D].哈尔滨：哈尔滨工业大学，2013.

[20] 郑文升.我国资源型地区发展的补偿与援助：对东北地区典型问题的研究[D].长春：东北师范大学，2008.

[21] 邢利民.资源型地区经济转型的内生增长研究[D].太原：山西财经大学，2012.

[22] 蔡飞，金洪.基于区位熵理论的中国资源型地区判定研究[J].技术经济与管理研究，2010（2）：142-144.

[23] 李娟.资源型地区区域经济发展差异研究：以山西省为例[D].福州：福建师范大学，2014.

[24] 柳泽，周文生，姚涵. 国外资源型城市发展与转型研究综述[J].中国人口·资源与环境，2011，21（11）：161-168.

[25] R. M. Auty. Resource Abundance and Economic Development[M]. Oxford: Oxford University Press，2001.

[26] 武健鹏.资源型地区产业转型路径创新研究：基于政府作用的视角[D].太原：山西财经大学，2012.

[27] 柳晨.甘肃资源型地区转型发展问题研究[D].兰州：西北师范大学，2013.

[28] 何雄浪，毕佳丽.我国西部地区资源型城市发展与新型城镇化路径研究[J].当代经济管理，2014（03）：67–72.

[29] 齐雅琴.资源型地区产业结构演化与城镇化耦合互动关系研究[D].太原：山西大学，2015.

[30] 王素娟.辽宁省新型城镇化进程评价[J].城市发展研究，2014（03）：21–27.

[31] 安晓亮，安瓦尔·买买提明.新疆新型城镇化水平综合评价研究[J].城市规划，2013（07）：23–27.

[32] 薛晴，刘湘勤.资源富集地区民间金融系统性风险的成因、影响及治理[J].经济学家，2014（04）：100–101.

[33] 肖辉赞.资源枯竭地区经济增长点培育与风险规避机制研究[D].阜新：辽宁工程技术大学，2003.

[34] Walter Isard. Location and space–economy: a general theory relating to industrial location, market areas，land use，trade，and urban structure [M]. Published Jointly by the Technology Press of Massachusetts Institute of Technology, Wiley Chapman & Hall, 1956.

[35] Bradbury J H. Towards an alternative theory of resource–based town development in Canada [J]. Economic Geography，1979，55（2）：147–166.

[36] Pal N R, Bezdek J C. Measuring fuzzy uncertainty[C]. IEEE Transactions on Fuzzy Systems, 1994，2（2）：107–118.

[37] 梅冠群.我国"资源诅咒"形成的条件与路径研究[D].天津：南开大学，2013.

[38] 王玲杰.新型城镇化的综合测度与协调推进[M].北京：经济管理出版社，2014.

[39] 屈燕妮.资源型区域经济发展与环境约束[M].北京：经济管理出版社，2013.

[40] 范其伟.我国城市化进程中职业教育发展研究[D].青岛：中国海洋大学，2014.

[41] Pacione M. Models of urban landuse structure in cities of the developed world [J].Geography, 2001.

[42] Fox S. Urbanization as a global historical process: Theory and evidence from sub–Saharan Africa[R]. Population and Development Review, 2012（38）: 285–310.

[43] 邓静，孟庆民.新城市发展理论评述[J].城市发展研究，2001（1）: 1–7.

[44] 杨伟，宗跃光.生态城市理论研究评述[J].生态经济，2008（5）: 13–21.

[45] Henderson J V. The urbanization process and economic growth: The so-what question [J]. Journal of Economic Growth, 2003，8（1）: 47–71.

[46] 陈明星，叶超，周义.城市化速度曲线及其政策启示——对诺瑟姆曲线的讨论与发展[J].地理研究，2011（8）: 113–124.

[47] Northam R M. Urban geography [M].NewYork:John Wiley & Sons，1975.

[48] 张侃侃，王兴中.可持续城市理念下新城市主义社区规划的价值观[J].地理研究，2012（9）: 212–219.

[49] C. Johnson. Revolution and the social system [M].Stanford:Hoover Instition，1964.

[50] [美]L.科赛.社会冲突的功能[M].北京：华夏出版社，1989.

[51] 尹贻梅，刘志高，刘卫东.路径依赖理论及其地方经济发展隐喻[J].地理研究，2012（5）: 151–162.

[52] Henderson J V. Urbanization and economic development [J].Annals of Economics and Finance，2003（4）: 275–341.

[53] 熊景维.公共经济管理理论研究述评[J].天津行政学院学报，2011,(4): 71–76.

[54] Zhao Min, Zhang Ying. Development and urbanization:A revisit of

Chenery–Syrquin's patterns of development [J].Ann Reg Sci，2009，43（4）：907–924.

[55] Yuki K.Urbanization, informal sector and development [J]. Journal of Development Economics，2007，84(1)：76–103.

[56] 胡际权.中国新型城镇化发展研究[D].重庆：西南农业大学，2005.

[57] [德]乌尔里希·贝克.风险社会[M].何博闻，译.北京：译林出版社，2004.

[58] 李谧，唐伟.当代风险社会理论研究述评[J].北京行政学院学报，2009(6)：51–67.

[59] M. Dougleas and A. Wildavsky. Risk and Culture [M]. Berkeley: University of California Press, 1982.

[60] Joost van Loon.Virtual risks in an age of cybernetic reproduction[C]//Barbara Adam，Ulrich Beck, Jost Van Loon.The risk society and beyond:Critical issues for social theory.London：Sage，2000：165–182.

[61] Ruth Levitas.Discourses of risk and utopia[C]//Barbara Adam, Ulrich Beck, Jost Van Loon.The risk society and beyond:Critical issues for social theory. London:Sage，2000：198–210.

[62] 叶成徽.国外风险管理理论的演化特征探讨[J].广西财经学院学报，2014（3）：16–23.

[63] 王京京.国外社会风险理论研究的进展及启示[J].国外理论动态，2014（9）：212–223.

[64] 张维迎.博弈论与信息经济学[M].北京：格致出版社，2012.

[65] 陈永民，俞国燕.粗糙集理论在多指标综合评价中的应用研究[J].现代制造工程，2005（S1）：4–7.

[66] 万玉成.基于未确知性的预测与决策方法及应用研究[D].南京：东南大学，2004.

[67] 闫博.基于Borda数分析的我国商业银行竞争力研究[D].天津：天津大学，2004.

[68] 胡伏湘.长沙市宜居城市建设与城市生态系统耦合研究[D].株洲：中南林业科技大学，2014.

[69] 曹洪华.生态文明视角下流域生态—经济系统耦合模式研究[D].长春：东北师范大学，2014.

[70] 姜孔桥.基于循环经济的石化园区发展模式研究[D].北京：北京交通大学，2009.

[71] 闫建.博弈论视角下地方政府执行力的提升问题[J].理论探索，2011（6）：105–108.

[72] 文政.基于中央与地方政府间关系的财政支出事权划分模式研究[D].重庆：重庆大学，2008.

[73] 姚璐璐.大型煤矿社区基础设施剥离改造融资分担研究[D].徐州：中国矿业大学，2014.

[74] 樊琦.地方工业污染防治中的利益冲突问题研究[D].沈阳：辽宁大学，2011.

[75] 广德福.中国新型城镇化之路[M].北京：人民日报出版社，2014：77–79.

[76] 杨万江.近十年来国内城镇化动力机制研究述评[J].经济论坛，2010，（6）：18–20.

[77] 孙振华.新型城镇化发展的动力机制及其空间效应[D].大连：东北财经大学，2014.

[78] 景普秋.资源型城镇组群人口城镇化动力机制研究[J].城市发展研究，2010（4）：78–85.

[79] 倪鹏飞.新型城镇化的基本模式、具体路径与推进对策[J].江海学刊，2013（1）：87–94.

[80] 胡士杰，朱海琳.论政府在城镇化动力机制中的角色与作为[J].石家庄铁道大学学报（社会科学版），2013（2）：57–80.

[81] 杨发祥.新型城镇化的动力机制及其协同策略[J].山东社会科学，2014（1）：56–62.

[82] 梁靓洁.煤炭城市转型期城镇化动力机制研究[D].武汉：华中科技大学，2011.

[83] 陈晖涛.福建省农村城镇化模式选择研究[D].福州：福建农林大学，2014.

[84] 唐小丽.模糊网络分析法及其在大型工程项目风险评价中的应用研究[D].南京：南京理工大学，2007.

[85] 张登伦.机电安装工程项目施工安全风险管理研究[D].北京：中国矿业大学（北京），2013.

[86] 方德英，李敏强，寇纪淞.目标导向的IT项目开发风险影响图模型[J].系统工程学报，2004，19（6）：601-606.

[87] 中共中央，国务院.国家新型城镇化规划（2014—2020年）[EB/OL].（2014）.https://www.gov.cn/gongbao/content/2014/content_2644805.htm.

[88] 厉以宁，艾丰，石军.中国新型城镇化概论[M].北京：中国工人出版社，2014：236-238.

[89] 李程骅.中国城市转型研究[M].北京：人民出版社，2013.

[90] 方创琳.中国新型城镇化发展报告[M].北京：科学出版社，2014.

[91] 尹牧.资源型城市经济转型问题研究[D].长春：吉林大学，2012.

[92] 于立，姜春海，于左.资源枯竭型城市产业转型问题研究[M].北京：中国社会科学出版社，2008.

[93] 曹孜.煤炭城市转型与可持续发展研究[D].长沙：中南大学，2013.

[94] 张文忠，余建辉，王岱.中国资源型城市可持续发展研究[M].北京:科学出版社，2014.

[95] 李延江.煤炭资源型城市可持续发展[M].北京:煤炭工业出版社，2004.

[96] 张复明.资源的优势陷阱和资源型经济转型的途径[J].中国人口资源与环境，2002，12(4):8-13.

[97] 徐君.资源型城市产业转型风险评估[J].统计与决策，2007（2）：112-114.

[98] 陈厚义.中国区域经济发展的"资源陷阱"及对策研究[D].武汉：武汉理工大学，2009.

[99] 施祖麟，黄治华."资源诅咒"与资源型地区可持续发展[J].中国人口·资源与环境，2009（5）：354-362.

[100] 王勇.中国新型城镇化推进过程中的主导产业选择及发展模式分析[D].北京：北京邮电大学，2014.

[101] 薛冰，王建华.资源型城市产业转型风险评估的模糊综合模型研究[J].资源与产业，2006，8（4）：8–12.

[102] 樊红敏.城镇化进程中的社会风险[J].人民论坛，2011（327）：29–31.

[103] 贾晓霞，杨乃定.西部开发项目的区域风险分析与对策[J].中国软科学，2003（3）：110–115.

[104] 朱渝.城镇化进程中群体性事件行政法防治机制研究[D].苏州：苏州大学，2014.

[105] 王政辉，路世昌.资源型城市产业转型风险动态评估的贝叶斯模型研究[J].科学技术与工程，2007，7（21）：5732–5735.

[106] 尹贻林,陈伟珂.公共政策风险评价与控制系统[J].天津大学学报(社会科学版)，2000，2（1）：51–55.

[107] 王勇.基于行为主体分析视角的新型城镇化建设风险思考[J]. 特区经济，2014（10）：176–177.

[108] 李红权，张春宇.政府采购中的腐败风险及其防范[J].社会科学家，2010（4）：82–85.

[109] 汪大海，南瑞.新型城镇化背景下的社会管理转型升级[J].学术界，2013（12）：26–33.

[110] 崔玉影.基于家庭生命周期的住房保障需求研究[D].哈尔滨：哈尔滨工业大学，2013.

[111] 陈业华，梁丽转.基于SEM的文化创意产业投融资风险因素研究[J].科学决策，2012（7）：67–80.

[112] 李光荣.国有煤炭企业全面风险演化机理及管控体系研究[D].北京：中国矿业大学（北京），2014.

[113] 史春云，孙勇，张宏磊，等.基于结构方程模型的自驾游客满意度研究[J].地理研究，2014（4）：127–134.

[114] 赵金煜.矿建工程项目风险管理理论与方法研究[D].北京：中国矿业大学（北京），2010.

[115] 叶回春.粗糙集理论在土壤肥力评价指标权重确定中的应用[J].中国农业科学，2014（4）：710–717.

[116] 王超.基于未确知测度理论的冲击地压危险性综合评价模型及应用研究[D].徐州：中国矿业大学，2011.

[117] 杨翠兰.基于Borda序值和RBF神经网络的知识链风险预警[J].统计与决策，2011（17）：56-59.

[118] 常虹，高云莉.风险矩阵方法在工程项目风险管理中的应用[J].工业技术经济，2007，26（11）：134-137.

[119] 高云莉.工程项目集成风险管理理论与方法研究[D].大连：大连理工大学，2008.

[120] 林志华.城镇化建设资金保障机制的要素框架与完善措施[J].海南金融，2014（3）：30-33.

[121] 闻传国.推进新型城镇化的资金保障机制探析[J].学习论坛，2014（5）：37-40.

[122] 王承武.新疆能源矿产资源开发利用补偿问题研究[D].乌鲁木齐：新疆农业大学，2010.

[123] 杨然.我国矿区生态补偿机制研究[D].昆明：昆明理工大学，2014.

[124] 李会欣.论政府的政策风险防范能力建设[J].福州大学学报（哲学社会科学版），2006（3）：23-26.

[125] 陈士林.新型农村社区建设的政策保障机制研究[J].法治与社会，2016（16）：47-48.

[126] 刘昕炜.社会转型时期的政策风险控制与风险规避[J].现代经济信息，2008（7）：33-34.

[127] 熊光清.当前中国的腐败问题与反腐败策略[J].社会科学研究,2011（5）：53-58.

[128] 迟连翔.中国廉政风险防控机制构建问题研究[D].长春：东北师范大学，2012.

[129] 曹丽,朱少英.不确定环境下资源型地区经济转型路径创新研究[J].中国产经，2021（18）：30-31.

[130] 莫神星.新型城镇化绿色发展的制度构建与实现路径研究[D].上海：华东理工大学，2022.

[131] 梁靓洁.煤炭城市转型期城镇化动力机制研究[D].武汉：华中科技

大学，2011.

[132] 曹丽，朱少英.不确定环境下资源型地区经济转型路径创新研究[J].中国产经，2021，（18）：30-31.

[133] 陈肇琪.新兴产业发展如何避免同质化[N].中国环境报，2012（7）：13002.

附录　资源型地区新型城镇化风险指标识别调查表

您好！我是中国矿业大学（北京）在读研究生，正在进行有关矿区新型城镇化风险识别的调研，本调查表不需要填写姓名，答案没有对错之分。我将对您的答案进行严格保密。衷心感谢您的支持和协助！

名词说明：

产业结构：主要分为三大产业，即第一产业主要为农业、林业及畜牧业，第二产业主要为工业，第三产业主要为服务业。

城镇化：指人口向城市地区集聚的过程和乡村地区转变为城市地区的过程。

新型城镇化：是以城乡统筹、城乡一体、产城互动、节约集约、生态宜居、和谐发展为基本特征的城镇化。

一、基本信息（该部分信息不涉及隐私，只作为样本统计的分析数据，请填写真实信息，谢谢！）

1.性别：＿＿＿＿＿　年龄：＿＿＿＿＿　职业：＿＿＿＿＿　单位名称：＿＿＿＿＿

2.户籍：农（　　　）非农（　　　）

3.文化水平：小学及以下（　　　）初中（　　　）高中（或职高）（　　　）大专（　　　）本科及以上（　　　）

二、风险识别（请根据您的判断，对下面各题表述的准确程度进行选择，整个问卷共40道题，请您认真作答，问卷的结果对统计分析很重要，感谢配合！）

1.您所在的地区产业结构严重失衡：缺少农业，资源型产业占主导地位，第三产业主要以生活性服务业为主。
（1）非常不同意（2）不同意（3）中立（4）同意（5）非常同意

2.随着资源的消耗，资源性产业必将衰退，导致经济衰退，并会引发大量失业。
（1）非常不同意（2）不同意（3）中立（4）同意（5）非常同意

3.资源型产业衰退后，可以很快培育出新的替代产业，如高新技术产业，并成为带动地区经济增长的主导产业。
（1）非常不同意（2）不同意（3）中立（4）同意（5）非常同意

4.您所在的地区经济发展落后，会造成新型城镇化建设资金不足。
（1）非常不同意（2）不同意（3）中立（4）同意（5）非常同意

5.您所在地区政府的财力有限，在新型城镇化建设中，可能需要举债融资，因而会产生一定的债务风险。
（1）非常不同意（2）不同意（3）中立（4）同意（5）非常同意

6.您所在的地区固定资产投资低迷，可能影响新型城镇化建设速度。
（1）非常不同意（2）不同意（3）中立（4）同意（5）非常同意

7.您所住的社区公共交通十分便捷，可以很好地满足日常出行的需要。

（1）非常不同意（2）不同意（3）中立（4）同意（5）非常同意

8.您所住的社区供水供电充足，可以很好地满足日常生活的需要。
（1）非常不同意（2）不同意（3）中立（4）同意（5）非常同意

9.您所住的社区供气供暖都充足，可以很好地满足日常生活的需要。
（1）非常不同意（2）不同意（3）中立（4）同意（5）非常同意

10.您所住的社区生活垃圾处理很不方便，对于生活居住环境有不利的影响。
（1）非常不同意（2）不同意（3）中立（4）同意（5）非常同意

11.您所住的社区家里安装宽带很方便，上网也很方便。
（1）非常不同意（2）不同意（3）中立（4）同意（5）非常同意

12.您所住的社区商业服务设施（如超市、商场）、体育锻炼设施（如公共建设器材）以及文化娱乐活动设施等社区综合服务设施可以很好地满足需要。
（1）非常不同意（2）不同意（3）中立（4）同意（5）非常同意

13.您所住社区的学校可以很好地满足家里小孩受教育的需要，教学质量也很好。
（1）非常不同意（2）不同意（3）中立（4）同意（5）非常同意

14.您在社区从来没有接受过职业技能培训，如果失业了很难再找到工作。
（1）非常不同意（2）不同意（3）中立（4）同意（5）非常同意

15.您所住的社区大多数人都是城市户口，并享有城市基本养老保险。
（1）非常不同意（2）不同意（3）中立（4）同意（5）非常同意

16.您所住的社区大多数人都是城市户口，并享有城市基本医疗保险。

（1）非常不同意（2）不同意（3）中立（4）同意（5）非常同意

17.您或者您周围的人享受到了国家的保障性住房。

（1）非常不同意（2）不同意（3）中立（4）同意（5）非常同意

18.您所住的社区治安很差，公安派出所的警察服务能力低下，不足以维护新区的治安。

（1）非常不同意（2）不同意（3）中立（4）同意（5）非常同意

19.您所住的社区治安很好，小区物业保安服务质量很高，可以很好地维护小区的治安。

（1）非常不同意（2）不同意（3）中立（4）同意（5）非常同意

20.您所住的社区到处都安装了摄像头，对社区治安有很好的监控作用。

（1）非常不同意（2）不同意（3）中立（4）同意（5）非常同意

21.您家的年人均可支配收入达到了国家的平均水平（25000元左右）。

（1）非常不同意（2）不同意（3）中立（4）同意（5）非常同意

22.您所住的社区绿化环境很好，种植了很多绿化植物以及公共绿地。

（1）非常不同意（2）不同意（3）中立（4）同意（5）非常同意

23.您家以及您的亲朋好友大都有私家小轿车作为出行交通工具。

（1）非常不同意（2）不同意（3）中立（4）同意（5）非常同意

24.您的生活中有丰富的文化娱乐活动，如可以很方便地去社区娱乐中心或者图书馆、电影院等。

（1）非常不同意（2）不同意（3）中立（4）同意（5）非常同意

25.您所住的社区对煤等不可再生的资源消耗较少，大大地节约了资源的消耗。

（1）非常不同意（2）不同意（3）中立（4）同意（5）非常同意

26.您所住的社区建筑物集中紧凑，土地资源的利用很充分。

（1）非常不同意（2）不同意（3）中立（4）同意（5）非常同意

27.您所在的地区水资源很充足，不存在缺水的情况。

（1）非常不同意（2）不同意（3）中立（4）同意（5）非常同意

28.您所在的省份主要资源基础储量很多，还有很多可以开发利用。

（1）非常不同意（2）不同意（3）中立（4）同意（5）非常同意

29.您所在的省份万元GDP能耗很高，对资源的浪费很严重。

（1）非常不同意（2）不同意（3）中立（4）同意（5）非常同意

30.您所在的省份资源开发利用率很高，资源浪费现象很少。

（1）非常不同意（2）不同意（3）中立（4）同意（5）非常同意

31.您所在的省份资源不会很快耗竭，还可以开采很久。

（1）非常不同意（2）不同意（3）中立（4）同意（5）非常同意

32.您所在的地方森林覆盖率低，造成水土流失与大气环境的恶化。

（1）非常不同意（2）不同意（3）中立（4）同意（5）非常同意

33.您所住的社区空气质量很好，没有雾霾、工厂废气等污染。

（1）非常不同意（2）不同意（3）中立（4）同意（5）非常同意

34.您所在的地方环境治理与保护的投入过低，造成环境的加速恶化。

（1）非常不同意（2）不同意（3）中立（4）同意（5）非常同意

35.地方政府针对新型城镇化建设制定了完善的相关政策，并且有与之相对应的详细的规划。

（1）非常不同意（2）不同意（3）中立（4）同意（5）非常同意

36.地方政府在制定与执行新型城镇化政策与规划时始终保持前后一致，不会出现自相矛盾的情况。

（1）非常不同意（2）不同意（3）中立（4）同意（5）非常同意

37.地方政府在制定新型城镇化政策与规划时已经考虑到了未来各种因素的变化，因此执行政策与规划时是与时俱进的。

（1）非常不同意（2）不同意（3）中立（4）同意（5）非常同意

38.在新型城镇化过程中，管理者的思想道德素质很高，不会出现以权谋私、贪污腐败的现象。

（1）非常不同意（2）不同意（3）中立（4）同意（5）非常同意

39.地方政府的管理理念坚持了以人为本、民主法治、可持续发展等理念。

（1）非常不同意（2）不同意（3）中立（4）同意（5）非常同意

40.地方政府办事效率和服务质量的满意度低、重大事件应对能力低、依法行政程度低。

（1）非常不同意（2）不同意（3）中立（4）同意（5）非常同意